内藤三千郎――著
Michiro Naito

Japanese Equities

Information that moves the market

日本株市場

相場を動かす情報とは何か

一般社団法人金融財政事情研究会

はじめに

ノイズ

証券業界と聞くと「効率」を思い浮かべる人も多いかもしれない。優れた頭脳と豊富な経験を兼ね備えた精鋭がしのぎを削る戦いの場というイメージが映画「ウォール・ストリート」などから定着しているからなのかもしれない。

しかし、その証券業界において「知識」や「知恵」の伝達は、あまり効率良く行われていないというのが実態である。否、そんなことはない、これまで山のように蓄積されてきた研究論文があるではないかと言う人もいるだろう。また、現代のテクノロジーはかつてないほどの量と質の情報をわれわれに与えてくれていると論ずる者もいるかもしれない。

しかし、「知識」や「知恵」を価値のある、あるいは有用な情報と定義するのであれば、はたしてどれほどの「知識」や「知恵」が証券業界で蓄積され、世代を超えて伝達されているのかは甚だ疑問である。筆者は証券業界でほぼ四半世紀働いてきた。その間、同様の質問が繰り返され、同様のミスが犯されるのを何度も目にしてきた。これは何はともあれ、「知識」や「知恵」が効率良く伝達されていない証なのではないだろうか。

リチャード・バーンスタイン・アドバイザーの創立者であり、ＣＥＯ兼ＣＩＯ、また元メリル・リンチ証券のチーフ・インベストメント・ストラテジストでもあったリチャード・バーンスタインはその著書のなかで「投資家は、膨大な量の不必要な情報（ノイズ）にさらされており、本当に必要な情報は埋もれてしまうか、あるいはあまりに明らか過ぎて重要だとは思われていない。適切な投資判断を行うにあたっては、おそらくいまよりはるかに少ない情報量ですむことだろう。つまり投資家が本当に必要な情報量は、彼等が思っているよりずっと少ないのである」と述べている。この点に関しては、バーンスタイン氏の意見に異論はない。

証券業界でなぜ知識や知恵の伝達が非効率なのかには、いくつかの理由が考えられる。一つは証券業界に勤務する人間の多くが、スペシャリストであり、固有の知的財産の所有者であるという理由である。

この意味で、証券アナリストや営業マン、トレーダーといった人種はプロ野球やサッカーの選手に似ている。それぞれに共通点はあるものの、彼等のスキルやノウハウは得てしてユニークであり、簡単に分け与えることのできないものだからである。加えて、そういったスキルやノウハウは、詰まるところ彼等の生活の糧であり、それを他人に教えてしまう利はあまりないと言っていいだろう。

第二の理由は、第一の理由に若干重なるが、証券業界の業態自体が、世代間の知識や知恵の伝達を阻んでいることである。ここでは、勤務者に関する特に外資または海外の証券会社の活発な新陳代謝のことを言っている。

証券業界においてはその高給とリストラの可能性が背中合わせであることは周知のことである。特に外資系証券会社にあっては、社員は事前に予告されることなくいきなり解雇される場合が多い。解雇通知を受け取った社員は、会社の知的財産保護の観点から自らのデスクに戻ることすら許されないことが常である。つまり、次世代にノウハウを移転する時間すら与えられないことがままあるのである。

第三の理由は、「高給」と「情報過多」である。リチャード・バーンスタイン氏が言うように投資家は毎日のように「膨大な量の不必要な情報（ノイズ）にさらされて」いる。ところがその不必要な情報を伝達することで、証券会社の営業マンは高給を受け取ることができるのである。「ノイズ」を売ることで高給を得ることができるのなら、何が重要で何がノイズなのか、分別に手間をかけるだけ馬鹿馬鹿しいということになる。言うまでもなく、これには投資家サイドにも責任がある。投資家が好んで「ノイズ」を求めるのなら、それを与えるのが営業マンの仕事でもあるからだ。

第四の理由は、株式市場が常に変化しており、表面上は何が適切で重要な情報なのか判別しにくいという事情がある。株式市場は経済の鏡であり、それに参加しているすべての人々の意思と心理状態の集合体でもある。経済が「生き物」であるように、株式市場は「生き物」であり、したがって恒常的に進化し続けているのである。これは、表面上は株式市場に当てはまる恒久的で普遍的な法則が存在しないことを意味している。

ここでは二度「表面上」という言葉を使った。なぜならたしかに恒久的な法則は存在しないかもしれないが、そこには半恒久的に適用できる法則やパターンが存在するのである。これらの法則やパターンを発見するのは容易ではないかもしれない。しかしいくばくかの努力で、発見は可能である。

この本を執筆するにあたっての最大の動機は、日本株市場に関する筆者の知識と発見を一般投資家の方々、あるいは今後、株式投資を始めたいと考えている方々に伝達するというものである。一九九四年から一九九八年まで、筆者はＢＺＷ日本証券に勤務していた。一九九九年から二〇〇〇年まではメリル・リンチ日本証券、二〇〇〇年から二〇〇三年まではアメリカのテキサス州教員退職年金、二〇〇四年から二〇一七年までは東京のＪ・Ｐ・モルガン証券で働いた。

この間、株式デリバティブ・ストラテジストというタイトルを得て勤務していたことが多かったので、いわゆるトップ・ダウンとボトム・アップ両方の視点から、株式市場を観察することができたのは幸運なことであった。

一九八〇年代日本の巨大バブル崩壊の後遺症を生き、一九九九年にはインターネット・バブルに狂乱する異常な熱気を体感した。二〇〇五年から二〇〇七年にかけては世界的なクレジット・バブル、その後の二〇〇八年から二〇〇九年にはリーマン・ショック、そして二〇一一年には東日本大震災と福島原発事故を間接的にではあるが経験することとなった。その次の大きなイベントは二〇一二年年末から始まったアベノミクス相場であり、現在はＢＲＥＸＩＴとトランプ大統領がどう世界を動かすのかを見守ることのできる立場にいる。

この本は、これらの時代の事象とそこから得られた知識と知恵で成立している解説書であり、また歴史書であるが、いわゆる典型的な株式入門書ではない。PERとは何かを一から説明することもしないし、取引開始の手順を解説することもしない。どうすれば優良な株を選ぶことができるのかを論じることも、基本的にこの本の目するところではないし、逆説的ではあるが、むしろ日本の株式市場において優良な株を選ぶことがどれほど利にかなうのかということすら疑問視している（ウォレン・バフェット氏は反論するかもしれないが）。

また、この本でカバーしている事項や現象のいくつかは、もはや歴史的な意味しかもたないのかもしれない。しかし、これらは「歴史」のなかでは、間違いなく重要であり、決して「ノイズ」ではなかった事項であり現象であった。そして、そのなかの多くを理解することは、将来の相場を考えるうえでも重要かつ有用であろうと思われる。筆者がここで意図していることは、日本株投資の広域で、かつ簡素な地図を描くことである。そして、その地図上に引かれたいくつかの道筋が、宝の山へとつながることを目指し願うものである。

海外出張でよく聞く海外投資家の意見に、日本のように人口減少を黙認し、構造改革もまともにできないような国の株式に投資することはできないというものがある。長期的な観点でみた場合、彼等の主張は間違っていないのかもしれない。しかし、これは株式市場を知らない者の意見であり、みすみす黄金の機会を見逃しているうつけ者の言うことである。

筆者の見解は、日本株市場はタイミング次第では先進国の株式市場のなかで最も高いリターンを得ることのできる市場であるというものである。この本を読むことによって、投資家の方々がそのような日本株市場の素晴らしい恩恵を受けることができれば幸いである。

歴史は繰り返す

「日本株市場はタイミング次第では先進国の株式市場のなかで最も高いリターンを得ることのできる市場である」と前項で書いた。資産取引は、それが株であろうが不動産であろうが底値で買って高値で売るのが基本である。その意味で、前項の文章は当たり前のことを言ったにすぎない。適切なタイミングがわからないのが問題で、それがわかればどんな資産を売買しようとも巨万の富を得ることができる。

日本株市場が資産売買の場として優れている理由は、このタイミングが比較的わかりやすいという点に尽きると言っても過言ではない。これは日本株市場が世界経済の動向に敏感に反応するからであり、この構図は、一九九〇年代初頭から、いくつかの限定的な例を除いて崩れていないのである。

相場を知るという行為は、医者が症例を知る行為に似ている。相場は常に変化しているが、根底に流れるものは人間の思考であり行動である。これは疾病の種類や数が変化しても、根底に流れるものは人間の血であり、遺伝子であることと同様である。医者が過去の症例を研究することによって、新たな病の治療法を発見するように、変化する株式市場の動向も、過去の例を知ることによって多くの場合、対応可能なのである。

「症例集」はつまり歴史であり、この書物を「歴史書」と表現したわけがここにある。教科書などで習うさまざまな指数や指標も、歴史のなかにあってはじめて息を吹き込まれその生命力を発揮する。マクロ指標にしても、季節性にしても、とどの詰まりは歴史がその有効性を証明しているから注目に値するのであって、それがなければただの「ノイズ」である。

株式市場が根幹的に企業の業績に連動する限り、株式市場は経済を反映し、経済の動向を前もって把握することができれば、株式市場が上昇するのか下落するのかをある程度予想することができる。そして、その経済の浮沈も、多くの場合、歴史を知ることで予測が可能となる。それで

ただ、短期的な株式市場の動きが経済だけでは説明できないことも周知の事実である。それでは、何を使って短期的な動きを予測するのかという質問になるが、これはその「時」によるとしか言いようがない。なぜなら相場の短期的な動きは「イベント」によって引き起こされることが多いからである。

ここで言う「イベント」には政策決定や天変地異ばかりではなく、需給の不均衡が生み出す突発的な売り買いも含まれる。この意味からも、歴史のページを一枚一枚めくっていくことで、これらのイベントの影響力を適切に把握することができると思う。

ここではあえて簡単に述べたが、これがいかに重要なことであるかを理解してほしい。安く

買って高く売ることが株式投資の基本であるのなら、株式市場の上下のタイミングを知ることがほとんど投資のすべてなのである。

もちろん「歴史」を知ることによって株式市場の予測が100％可能になるとは思っていない。「歴史は繰り返す」といっても時間は一方向にしか流れず、過去は決して現在や未来とは完全に一致しないからである。

また、筆者は神ではないから、すべての過去の事象や相場の動きの原因と結果を把握し熟知していると主張するつもりはない。ここに書かれていることは、あくまで筆者の経験と分析力が及ぶ範囲で到達した結論であり、誤解や曲解がある可能性を否定するものではない。

筆者が「ノイズ」と認識している情報が、実は珠玉であることも想定できよう。その時には謙虚にその事実を受け入れ、新たな理論体系を構築することも相場を科学するうえでの重要な姿勢であると思っている。ここからは、筆者が知る現在の「相場の科学」がどこまで「宝の山」への道を切り開いてくれているのかを順を追ってみていくことにしよう。

目次

第三章　派生的トピック

第四章　相場の頂点とどん底

第五章　市場を動かすその他の要因

第一章

マクロ指標

株式市場が経済の鏡であるのなら、その世界経済の動向を教えてくれる指標とは何なのか。それがいわゆるマクロ指標である。ここでは日本株市場の方向性を判断するにあたって、その有効性が突出していると思われるＯＥＣＤ ＣＬＩや景気ウォッチャーＤＩ、そして有効性は限られているが有用と思われるＩＳＭＰＭＩと「季節性」について考察する。

OECD CLI

ＯＥＣＤ ＣＬＩとはOECD Composite Leading Indicatorの略であり、パリに本部を置くThe Organization for Economic Co-operation and Development（OECD）が毎月発表する経済指標の総体を示す。ここでＯＥＣＤという組織の詳細やこの指標の計算方法の細部にまで踏み込むことはこの書籍の本懐ではなく、またその必要もないだろう。ご興味のある読者はＯＥＣＤのホームページ（http://www.oecd.org/）をご覧いただきたい。

ＯＥＣＤ ＣＬＩは、そもそもＯＥＣＤが経済の山と谷を予想・予測するために開発した独自の経済指標である。その歴史は一九六〇年代にさかのぼり、その精度を高めるために、いまも精査・改良がＯＥＣＤ内で進められている。現在では、ＯＥＣＤに参加している各国それぞれのＣＬＩが発表されており、加えて重要な経済地域に関してもＣＬＩの計算が行われている。

具体的には各国が発表する経済指標を集計・加工したものがＣＬＩであり、したがって毎月実施される数値の計算は、約一カ月と十日遅れて発表される運びとなっている。つまり、たとえば一月の数値は、三月の一〇日くらいに発表されると考えて間違いない。Leading Indicatorつまり先行指標であるべきものが、そんなに遅れて発表されることに違和感があるかもしれないが、実に約一カ月と十日遅れても、この指標には十分の「先行性」が存在するのである。

それでは数多いＣＬＩのなかのどれが日本株市場の「買い場」「売り場」を予測するのに適しているのだろうか。筆者が知る限り、それはＧ７の経済状況を予測するために開発されたＧ７ＯＥＣＤ ＣＬＩである。件のＯＥＣＤのホームページには、この指標の詳細が掲載されており、また月次の時系列を以下のリンクから一九五九年の一月までさかのぼってダウンロードすることも可能である。

https://stats.oecd.org/index.aspx?queryid=6617

ここで注意を促したいのは、元の時系列をそのまま使用したのでは有効性が激減するという点である。筆者の検証の結果、使用すべきは元の時系列の一年移動平均からの乖離ということが判明している。発表された数字が、それをさかのぼった一年移動平均に比してプラスであれば「買い」、マイナスであれば「売り」。この単純な繰り返しが、日本株にとっては驚くべき魔法の杖なのである。

［表１］ Ｇ７ OECD CLIに基づくTOPIX（先物）売買の成績
（1990年９月〜2016年８月）

累積リターン	平均リターン	標準偏差	勝　率
2083.20％	11.70％	19.70％	72.00％

具体的にどれほどの成績をあげているかと言うと、一九九一年九月から二〇一六年八月まで二五年間の単純なＴＯＰＩＸ（先物）の売り買いで、勝率（売り買いがプラスのリターンを生んだ割合）は72％以上であり、累積リターンは２１００％ほどになる（表1を参照）。ざっと言えば、一九九〇年代初頭に１０００万円を投資したと仮定すれば、二〇一六年八月にはそれが２億円以上になっているという計算になる。仮に同期間、ＴＯＰＩＸを買い持ちしたとすれば、場合によってはリターンはマイナスになる。

なぜ日本株市場はかくも敏感にＧ７ ＯＥＣＤ ＣＬＩに反応するのであろうか。そこには後に触れる外国人投資家の存在と、世界で最も流動性の高い株式指標（日経２２５とＴＯＰＩＸ）先物の存在が見え隠れする。外国人投資家は、一般的に世界中の株式市場に投資しており、どの国に投資するかの判断を各国の株式市場のバリュエーション（後のセクションで解説）はもとより、その国の政策や経済状態あるいは経済指標に基づいて行っている。その判断の先端を行くのがマクロ・ファンドと呼ばれるヘッジ・ファンドであり、彼等は流動性の高い先物を使って利益を得ているのである。

以前は、日本と同様に世界経済動向に敏感である韓国の株式市場やドイツの株式市場もG7 OECD CLIに良好な反応を示していた。現状では韓国株式市場は中国により敏感に呼応し、またドイツ株式市場もより敏感にEUと連動するようになっており、G7 OECD CLIと高い相関を保っているのは筆者が知る限り日本株市場のみである。

このような主張を鵜呑みにしろと言うつもりはない。不審に思われる向きには、ぜひ、前述の時系列をEXCEL上にダウンロードし検証していただきたい。行うことは、「売り」「買い」のシグナルにあわせて、日経平均あるいはTOPIXを売り買いしたと仮定し、リターンを計算することである。

ただ、この場合、いくつかの留意点がある。OECDのホームページには、G7 OECD CLIの時系列が複数掲載されている。それぞれに特徴があるが、筆者が知る限り、日本株市場の方向性を占うのに最も有効なのは、Amplitude adjusted CLIという時系列である。検証を試みる場合、この時系列の一年移動平均を使用することを推奨したい。

また、この検証を実際に試みた結果は、必ずしも表1とは一致しないことも明記しておきたい。その理由は後述するようにOECDがCLIの時系列を毎月改定しており、それによって前月発表された数値と多少のずれが生じることがあるからである。その結果、景気の山と谷が一カ月ほどずれるという現象が生じることがあるが、長期的なパフォーマンスに大きな差はない（図1のOECD CLI表記はG7 OECD CLIの一年移動平均からの乖離を表す）。

［図１］　Ｇ７ OECD CLIとTOPIX（先物）の推移
（1990年１月〜2017年７月）

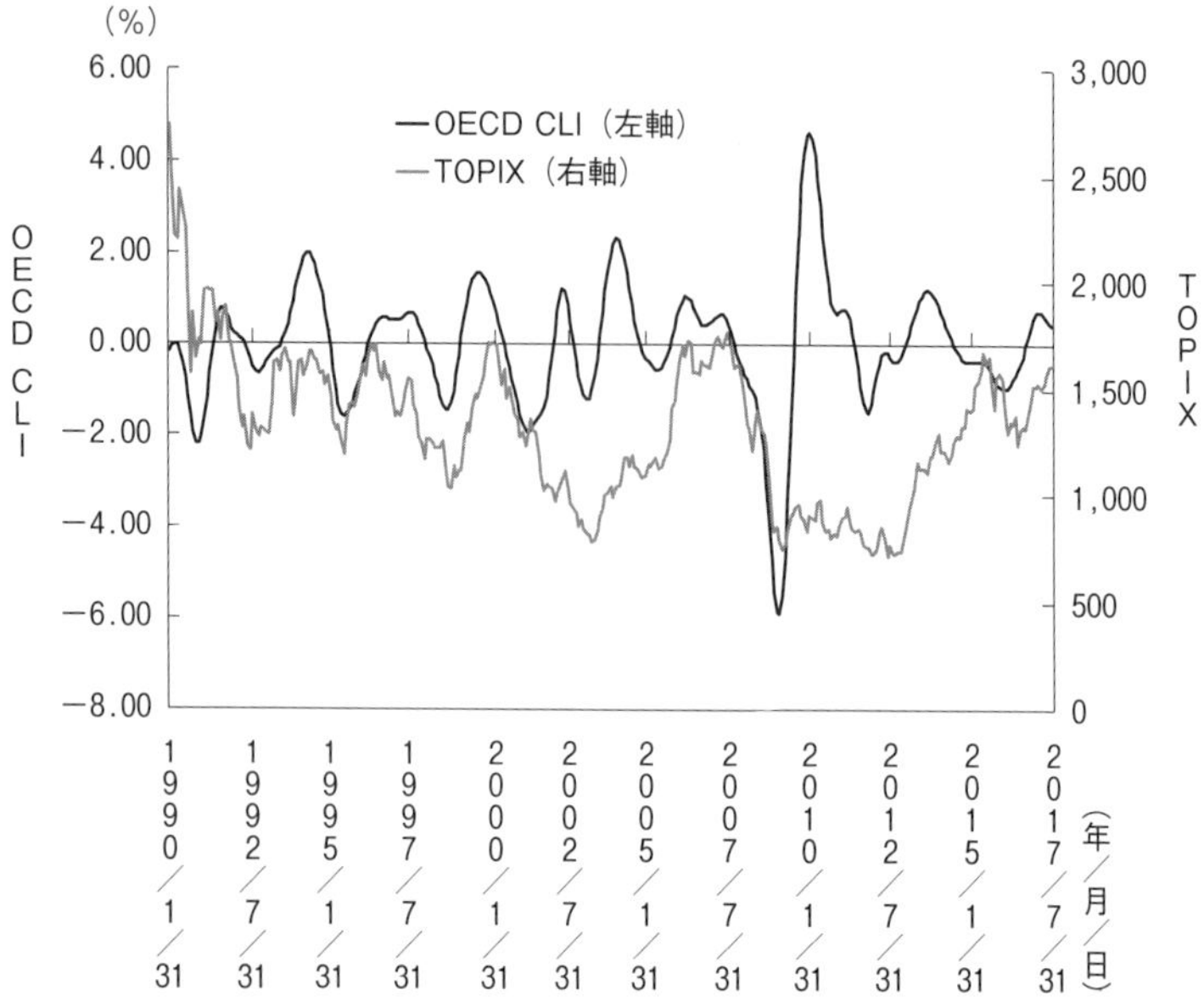

さらに、この指標は一九九〇年以前ではあまり機能しないということにも留意すべきである。言うまでもなく、一九八〇年代は日本のバブルの時代であり、そのような状況では株式市場は概して経済状態を無視した動きをするからである。また、それ以前の日本経済も、オイル・ショックに誘発されたハイパー・インフレ期を除けば紆余曲折ありながらも高度成長の時代であり、グローバル経済の動きとは必ずしも同調しない動きをみせていた。

もう一つの留意点は、元時系

列の変化・改正である。前述したように、ＣＬＩは各国の政府あるいは民間機関が発表する経済指標を集計し加工したものである。したがって、場合によっては速報値しか手に入らなかったり、不正確な数字が後になって修正されたりすることがある。また、ＣＬＩ時系列の計算方法にも正常化アルゴリズムが組み込まれているため、過去の時系列の数値に月ごとの誤差が生じるという現象が起きる。

月ごとに以前の数値が変更されたのでは、その数値が過去の経済状態を正確に捉えていたのかどうかを確認することが困難になるばかりか無意味になる可能性がある。

ＯＥＣＤ自体、この点を問題視しており、数年前に大規模な検証を実施した結果、毎月の数値のずれや変化は、経済の山と谷の判断に大きな誤差を生じさせないという結論に達している。これはつまり、たとえば一〇年前に検証されたこの指標の有効性は、現在検証された十年前の指標の過去における有効性と大差ないという結論である。

表2は、ある時点でＯＥＣＤ ＣＬＩの時系列をフリーズし、それを使って仮想的にＴＯＰＩＸ（先物）を売買した結果である。また、二〇〇四年からは、ＯＥＣＤの発表に沿ってリターンが計算されている（つまり事後的な時系列の変化の影響は受けていない）。

表中での「期間」はＧ７ ＯＥＣＤ ＣＬＩのシグナル（一年移動平均からの乖離）が上昇または下降していた期間を指し、「ロング」は買い持った場合のリターンを、「ショート」は売った場合

[表２]　Ｇ７ OECD CLIに基づくTOPIX（先物）売買の売り・買いごとの成績（1991年12月～2017年５月）

期　間	ロング（%）	ショート（%）
12/10/91－１/11/93		23.84
１/11/93－８/10/94	29.43	
８/19/94－９/11/95		12.45
９/11/95－12/10/96	5.84	
12/10/96－５/12/97		3.02
５/12/97－10/13/97	－10.58	
10/13/97－11/10/98		19.50
11/10/98－12/10/99	50.35	
12/10/99－６/11/01		19.37
６/11/01－７/10/02	－20.24	
７/10/02－５/12/03		19.06
５/12/03－２/10/04	23.06	
２/10/04－７/11/05		－15.49
７/11/05－５/12/06	41.91	
５/12/06－12/11/06		2.51
12/11/06－７/10/07	9.44	
７/10/07－４/10/09		51.40
４/10/09－３/５/10	7.88	
３/５/10－１/11/11		－0.38
１/11/11－４/11/11	－8.60	
４/11/11－１/12/12		13.37
１/12/12－７/９/12	4.39	
７/９/12－11/９/12		4.63
11/９/12－10/９/13	60.58	
10/９/13－１/14/14		－8.50
１/14/14－２/10/14	－6.29	
２/10/14－１/13/15		－14.03
１/13/15－４/９/15	16.75	
４/９/15－１/12/16		12.22
１/12/16－２/８/16	－2.94	
２/８/16－４/11/16		7.29
４/11/16－５/10/17	23.86	

のリターンを表している。実践では、TOPIX先物のロング、同先物ショートのポジションをもった場合のリターンということになる。

勝率約70％余が示唆するように、リターンがプラスに出ている例が多いが、相場が大きなリターンを記録する時に、この指標はそれを逃していないことも興味深い。これは特に一九九〇年代末から二〇〇〇年にかけてのインターネット・バブル、二〇〇五年中盤から二〇〇六年中盤までの小泉相場、二〇〇七年から二〇〇九円初頭まで続いた世界的な信用危機、そして二〇一二年末から始まったアベノミクス相場で特に顕著である。

OECD CLIは経済状態を表す指数であるから、経済では説明または対処できない事象が起きた場合には、当然その成績も悪くなる。表2で、リターンがマイナスになっている例をみると、ほとんどがこの範疇である。たとえば一九九七年の五月から一〇月までのリターンが10％を超えるマイナスとなっているが（つまり買いシグナルに基づいてTOPIXの先物を購入したが、TOPIXが下落したためロスが発生した）、これは同年七月に発生したアジア通貨危機が原因である。

また、二〇〇一年六月から二〇〇二年七月の間では、TOPIXを買い持ったために20％超のロスが発生しているが、この原因は前年から始まっていたインターネット・バブルの崩壊、そして9・11である。

TOPIX先物をショートしていて負けた例では、なんらかの政策が関与している場合が多い。例としては、二〇一四年の二月から翌年の一月までに記録された約14％のマイナス・リターンがある。この間の経済状態は脆弱であったが、それに対応すべく日銀が二〇一四年一〇月末日に「異次元緩和第二弾」を打ち出し、同日に年金積立金管理運用独立行政法人（GPIF）が株式のウェイトを大幅に増大させた新規のアセット・アロケーションを発表して相場が猛反発した経緯があった。ある意味、弱体化した経済を無視して、「期待」で相場が上昇したわけである。

この書籍を執筆している二〇一七年一〇月末時点でも、同年五月からマイナスに転じているG7 OECD CLIのシグナルに反して日本株市場は続伸している。この要因としては、もともとOECD CLIに鈍感であるアメリカ株市場が堅調な国内経済統計と税制改革への期待から高騰していること、G7 OECD CLIの統計から外れている中国経済が強含んでいること、一〇月二二日に結果が明らかとなった衆議院選挙での与党・自民党の大勝、そして後述するFEDと日銀の金融政策の差異等があげられよう。

事実、中国を含んだTOTAL OECD CLIは、二〇一七年八月から上昇に転じている（発表は一〇月）。世界的な低金利時代にあって、そして中国経済の重要性が日に日に増大している現代にあって、G7 OECD CLIの有効性自体が希薄になっているのかどうか（つまりパラダイム・シフトが起きているのかどうか）は今後の展開が教えてくれるであろう。

OECD CLIの予備知識

Ｇ７ ＯＥＣＤ ＣＬＩが、Ｇ７それぞれの国家の経済指標の総合体であることはすでに述べた。計算式では、その構成国家のＧＤＰに大雑把に比例したウェイトづけがされている（このウェイトは数年に一度見直されている）。

当然、最大のＧＤＰを誇るアメリカのウェイトが50％近辺になり、その影響力も大きくなるわけであるが、米国株の代表的指数であるＳ＆Ｐ５００のＧ７ ＯＥＣＤ ＣＬＩに対する感応度は低い。それどころか、ＯＥＣＤが別途計算しているアメリカのＣＬＩに対してもＳ＆Ｐ５００の感応度は低いのである。つまり、ＯＥＣＤ ＣＬＩは日本株市場に対しては有効であるが、米国株に対してはあまり有効ではないということになる。

繰り返しになるが、ＯＥＣＤ ＣＬＩは一九九〇年以前の日本株市場でもその有効性は低い。長期的な視点でみると株式市場はその国の名目ＧＤＰにほぼ比例するから、ＧＤＰが右肩上がりであれば、株式市場も長期的にはそれに比例した動きになる。これがアメリカと日本の違いである。

アメリカの株式市場をみると、過去四半世紀のなかで、大きく下落したのは、インターネット・バブルの崩壊時と、リーマン・ショックの時だけである（同時にＧＤＰも下落している）。それ以外は、だいたい右肩上がりであったわけで、経済指標の変化率を捉えるOECD CLIに鈍感なことも頷ける。簡単に言えば、ほぼ一貫して成長を続けているアメリカ経済と、成長と減速を繰り返している日本経済では、おのずとその株式市場の動きが異質なものになるわけである。

投資の一つの方法に、「買い持ち」という方法がある。ある時期に買った株式を売らずにずっと持ち続けるという方法であるが、この方法が有効なのがアメリカ株である。たとえば一九九〇年代初頭からS&P500指数を単純に保有していただけで、数百パーセントの利益が上がっているが、前述したように、これがTOPIXや日経平均であればそうはいかない。アメリカに一種の株式投資信仰があるゆえんである。

世界最大級の年金基金であるGPIFが、二〇一四年十月末に長年固持してきたアセット・アロケーションの割合見直しを実施したことには前項で触れた。「基本ポートフォリオ」と呼ばれるそれまで12%であった国内株式への資産配分目標を一気に25%（外国株を含むと50%）まで引き上げたのだから、投資の世界では大きな話題となった。これについては後に詳しく述べるが、概してアメリカの年金基金はその資産配分の50%以上を株式に振り分けており、それに倣った処置であったと思っている。

ただ、右肩上がりのアメリカ株市場と、比較的短期間に上下動を繰り返すボラティリティ（変動率）の高い日本株市場で、同様に資産配分や資産運用方針を決定したのでは、そのパフォーマンスに差異が生じるというものである。日本の年金運用担当者がこの点に十分配慮したのかどうかは疑問である。

本題に戻るが、日本はOECD加盟国であり、OECDは日本固有のCLIも算出している。日本固有のCLIであるから、日本株市場のそれに対する感応度も、G7 OECD CLIに対する感応度以上に高いことが想定されるが、興味深いことに、実はそうなってはいない。日本株市場は、国内経済より、G7経済の動きにより敏感に連動しているのである。

また、日本株市場を少しでも勉強した者なら、その動きが外国人投資家の動向に大きく依存することを知っているだろう。事実、一九九〇年代から外国人投資家による日本株売買高は、全体の約3分の2を占めており、彼等の動向がいかに重要であるかが、この数字からだけでもわかるというものである。その外国人投資家の売買高を東京証券取引所が週次で公表しているが、それがここで論議しているG7 OECD CLIの一年移動平均からの乖離とほぼ一致していることを知る者は少ない。

すべての外国人投資家が、OECD CLIを指標として日本株を売買していると言うつもりはないが、前述したように少なくとも先物を売り買いするマクロ系のファンドなどが、この指標かそれに類似したものをなんらかの手がかりとしてタイミングを測っていると考えることは妥当なことだと思われる。

間接的な知識であるが、ある世界的なマクロ系ヘッジ・ファンドがこの指標を使って日本株を取引し、一九九〇年代に「負け知らず」のファンドとして名を上げていたと聞いたことがある。

また、OECD CLIは経済指標であるから、株式以外の資産であっても、それが経済の状態に左右されるものであれば、やはりこの指標がその価格の動きを捉えるのに有効性を発揮すると思われる。この範疇で、筆者が実際に検証したのは原油価格であるが、おそらく他のコモディティ価格の動きともある程度は連動しているのだろう。

原油価格に限って言えば、二〇〇一年初旬から二〇一三年末までの間でTOPIXと同様の方法で検証した結果、勝率は76%、そして累積リターンは1045%という驚異的な数字が観測された。これはとりもなおさず、原油の需給がグローバル経済に敏感に反応するという当然と言えば当然の結果を表しているにすぎない。

それほどOECD CLIが重要な指標であるのなら、その動向をOECDが指数値を発表する前に知ることができないのかという疑問が当然生じるであろう。答えはある程度イエスである。ここである程度という言葉を使ったのには二つの理由がある。

前述したように、OECD CLIの構成要素は各国の経済指標である。場合によっては、なんらかの理由によって経済指標が予定どおりに公表されないこともある。したがってCLI発表時にすべての指標が出揃っていない場合もままあることで、そのために後になってCLIの数値が変更される可能性があることはすでに指摘した。正式な発表時ですらそうなのであるから、それ以前の時点では、ますます予想がむずかしくなる。これが第一の理由である。

第二の理由は、ＣＬＩの計算に使われる厳密な計算式が複雑であるという点である。それぞれの構成要素のすべての数値が仮にわかったとしても、それがどのようにＣＬＩの計算に組み込まれているのかを厳密に知らない限り、その数値を正確に予測することは不可能である。そして正確な予想にはＯＥＣＤが実際に使用しているソフトを入手する以外に道はないであろう。

ただ、そうは言ってもＣＬＩの数値が前月比で強く出るか弱く出るかは、その構成要素の増減に依存し、構成要素のいくつかは公的機関の発表を待たずともみることができるので「ある程度」予測できるわけである。

たとえば、ここで取り上げているG7 ＯＥＣＤ ＣＬＩの構成要素に関して説明すれば、そのなかで約50％のウェイトを占めるアメリカの場合、住宅着工、耐久財新規受注、株式指数、消費者心理、週間実労働時間、ＩＳＭＰＭＩ（後述）、長短金利差の七つの要素からなり（二〇一六年二月現在）、そのすべてが事前に、またほぼ確実に把握できる。

二番目にウェイトの高い日本の場合でも、株式指数や長短金利差といった要素があり、これらも前もって把握することができる。その他のG7メンバーも同様である。これらの数値が前月比で圧倒的に「強く」出ていたり、「弱く」なっていたりするような場合には、ＯＥＣＤの発表を待たずしてCLIの方向について「ある程度」予測ができるわけである。

前項の分析の繰り返しになるが、最後の留意点は、OECD CLIやその他のマクロ指標は景気の山と谷を予想することには適しているかもしれないが、株式市場にせよ、原油価格にせよ、それらは経済の鏡であると同時に必ずしも経済だけでは動かないということである。

株式市場は長いスパンでみれば、経済状態と連動している。しかし、短期的には景気だけでは説明できない動きをすることがままあるのである。つまり、OECD CLIは日本株市場や原油価格の中長期的な動きを予想するには適しているが、短期的な動きを予想することには向いていないということを強調しておきたい。

G7 OECD CLIを使用して日本株市場の方向性を予測した場合の勝率72%は、マクロ指標としては上出来である。「宝の山」への道は、この指標をもってほぼ完成したと言っても良いかもしれないわけで、一般の投資家はここでこの書物を閉じてしまうこともできよう。言い換えればOECD CLIによって日本株市場から得られる以上のリターンを求めないのであれば、この後、この書物に書かれていることはすべて「ノイズ」ということである。

しかし、同時にそれは、さらに高い確度で予測を行い、さらに高いリターンを求めるのであれば、時にOECD CLIのシグナルに反した判断を下さなければならないことを示している（前述した二〇一七年後半からの日本株の堅調はその好例である）。それには経済状態の変化が事前に反映されない政策や戦争、あるいは季節性や天変地異といった多様な要素を考慮に入れた総合的な見識が必要であるが、これらの要素の定量化は容易ではない。

将来的にはＡＩによる人知を超えた分析が解決してくれる問題なのかもしれないが、現時点では経験と人間心理の洞察に頼るほかに道はない。この本の今後の展開は、ＯＥＣＤ ＣＬＩに加えて相場の判断に有用と思われる材料のいくつかを提供し考察することに費やされる。

景気ウォッチャーDI

マクロ経済の動きを示唆するマクロ指標の数は夥しく、報道等でも「日銀短観」や「ＧＤＰ速報値」「アメリカ雇用統計」「製造業ＰＭＩ」といったものを目にしたことのある読者は多いであろう。

これらすべてのマクロ指標を網羅したと豪語するつもりはないが、少なくとも有効と思える指標、あるいは世間一般に重要視されている経済指標に対する日本株市場の感応度は過去に検証したことがある。結論から言えば、ほとんどの指標が先行指標として機能しておらず、日本株市場への投資においては役に立たない。

ＯＥＣＤ ＣＬＩの有効性（実際はＧ7 ＯＥＣＤ ＣＬＩ時系列の一年移動平均からの乖離であるが、ここからは便宜上ＯＥＣＤ ＣＬＩと呼ぶ）については前項で論じたが、ここではＯＥＣＤ

ＣＬＩに匹敵、あるいは凌駕しかねないマクロ指標を紹介したい。それが「景気ウォッチャーＤＩ」と呼ばれる指標である。これは内閣府が毎月実施している「景気ウォッチャー調査」の結果として公表される指標であり、その詳細は内閣府のホームページに譲るが、簡単に言えば、「家計動向、企業動向、雇用等、代表的な経済活動項目の動向を敏感に反映する現象を観察できる業種の適当な職種の中から選定した二千五十人」（内閣府ホームページ）への質問に対する回答を集計したものである。

調査時期は毎月二五日から月末にかけて、発表は翌月の八日から一二日にかけてが通常である。質問内容は単純で、三カ月前と比較した景気の現状（現況判断）と現在から先行き二、三カ月後の景気（先行き判断）について「良い」「やや良い」「どちらとも言えない」「やや悪い」「悪い」の五択のなかから回答するというものである。それぞれの回答には前もって点数が振り分けられており、それに回答者の割合を掛けて合計したものがスコアとなっている。時系列としては、「現況判断」と「先行き見通し」の二系列が計算される。

ＯＥＣＤ ＣＬＩの有効性が、原数値ではなく、その一年移動平均からの乖離をとることで発揮されるように、景気ウォッチャーも三カ月前との比較あるいは現在と二、三カ月後との比較に重きを置いているところが興味深い。ただ、検証結果によると、「現況判断」も「先行き見通し」も、時系列そのままを使用した場合の有効性はＯＥＣＤ ＣＬＩに劣る。それでは原数値にどのような加工をすれば有効性が向上するのであろうか。

一つは、原数値ではなく、原数値に季節調整を加えることである。一般的に季節調整とはある時系列から季節性を排除するために行われる統計的作業のことを指す。たとえば小売統計を考える場合、クリスマスの時期に小売総額が上昇するのは当然のことであり、これを知らずに統計を鵜呑みにすれば、いかにも好景気が一気に訪れたような印象になる。景気動向を把握したいのであれば、本来するべきことは一一月の小売総額と一二月のそれを比べるのではなく、昨年一二月と今年一二月の数値を比べることであろう。

季節調整にはいくつかの統計学上のプロセスがあるが、幸いなことに内閣府では既に季節調整された「現況判断」と「先行き見通し」の二系列を発表している。実際の季節調整がどう行われるかは、統計学の範中であり、具体的な計算方法については内閣府ホームページを参照していただきたいが、実は季節調整ずみの「景気ウォッチャーDI」をそのまま使ってその歴史的有効性を確認するのことには問題がある。これは季節調整の処理が、年に一度されており、過去の時系列がその度に改変されてしまうという点である。

毎月変わる可能性があるOECD CLIほどではないにしても、過去の時系列がすべて変わってしまえば、歴史的な検証は意味をもたない。なぜなら、現在みることのできる過去の毎月発表されている数字が、その過去の時点のものとは限らないからである。

この点には内閣府も言及しており、リアル・タイムで公表されている季節調整ずみの時系列と、年に一度の事後的な季節調整値との間に「大きな差異」がないことを確認している。つまり理想的ではないにしても、過去データの検証にリアル・タイムの季節調整値を使用しても差し支えないということである。

ただ、先月と今月の季節調整済数値を比べ、今月の数値が上がったから日経平均あるいはＴＯＰＩＸの「買い」、下がったから「売り」を繰り返しても突出したリターンを得ることはできない（季節調整していない数値はさらに悪い）。

季節調整以外に加えて「景気ウォッチャーＤＩ」の先行指標としての有効性を上げるには、さらに一歩踏み込んだ「調節」が必要となる。その「調整」とは、単に今月の（季節調整ずみ）数値が前月から上がったか下がったかではなく、「どの程度」上がったか下がったかによって、つまりある一定の「敷居値」を設定して売買を繰り返すというものである。

季節調整ずみ「景気ウォッチャーＤＩ」の時系列は「現況」「先行き」ともに二〇〇一年八月までさかのぼって公表されており、その数値は20から60の間を行き来している。これが「どの程度」の変化をすれば有効なシグナルになるのかは、試行錯誤が必要である。筆者の経験則では、その「敷居値」は1から2の間である。

このような「加工」を景気ウォッチャーＤＩに施すことによって得られるリターンはどれほど

のものになるのだろうか。景気ウォッチャーＤＩの歴史は浅く、季節調整済指数が公表され始めたのが二〇〇一年の八月であるから、そこまでさかのぼってＯＥＣＤ ＣＬＩのときと同様に、相対的に有効性の高かった「先行き」ＤＩのシグナルに沿い、また「敷居値」を１・５に設定してＴＯＰＩＸの売買を繰り返したと仮定する。

二〇一六年八月までの一五年間の成績は、勝率が七割、累積リターンは６９２％という驚異的なものである。同時期にＯＥＣＤ ＣＬＩをシグナルとして使って得ることのできた累積リターンは４６８％であり、勝率は67％と景気ウォッチャーＤＩに劣るのである。

それならば今後は、景気ウォッチャーＤＩを使用することとし、ＯＥＣＤ ＣＬＩをお払い箱にするという議論もできよう。しかし、そう簡単にＯＥＣＤ ＣＬＩを捨てられないという議論もできるのである。

第一に、景気ウォッチャーＤＩはＯＥＣＤ ＣＬＩと比較して「時間の検証」に耐え得ていないということが問題である。「加工」をしたおかげで良い成績を収めているが、はたしてその「加工」が今後も有効に機能するのかどうかがまだわからない。

第二に、景気ウォッチャーＤＩにどれほどの客観的な正当性があるのかが疑問として残る。ＯＥＣＤ ＣＬＩは各国で集計・計算して出している経済指標の集合体であるが、景気ウォッチャーＤＩは一般人の意見である。常識的に考えて、単なる一般人の意見よりは、製造業指数や耐久財受注額のようなさまざまな経済活動から生じる客観的なデータのほうがはるかに信頼性があるように思える。

また、前述したようにOECD CLIは一九六〇年代から経済サイクルを予測するツールとして研究・改良され続けており、その意味で、現状に応じて変化を続ける「科学的」なツールである。すでに固定してしまった法則で数値を捻出している景気ウォッチャーDIとは性格が異なっていることを認識したい。

実際、過去一五年間で、景気ウォッチャーDIが示す経済の転換点は四三もあり、過去二五年間で三一回しか転換点を示さないOECD CLIとは対照的である。経済の山と谷が、それほど頻繁に起きているとは考えにくく、やはり信憑性の面で景気ウォッチャーDIはOECD CLIに劣っていると判断できよう。

逆に景気ウォッチャーDIがOECD CLIに優っている点はどこであろうか。一つは指数自体に毎月修正が入る心配がないという点であろう。前に書いたように、季節調整済指数は毎年一月に過去の時系列に修正が入るが、原数値の時系列はそのままであり、利用者としては使い勝手が良い。

もう一つは、タイム・ラグがないという点である。ある月のOECD CLIは約一カ月と十日遅れて数値が公表されるが、景気ウォッチャーDIは約一週間の遅れで数値が公表される。つまり、それだけ直近の状況を把握しやすいという利点がある。

さらに利点としては、そのわかりやすさであろう。前述したように、ＯＥＣＤ ＣＬＩの構成要素はわかっていても、それをどう総合してＣＬＩを計算しているのかは複雑であり厳密な数式を入手してはじめて判明することである。ある意味、ＯＥＣＤを盲目的に信頼するほかに方法はない。景気ウォッチャーＤＩも内閣府が嘘をつかないという仮定に基づいているが、アンケート内容の透明度は高く、素人でもチェックできるレベルである。

ＩＳＭＰＭＩ

より伝統的なマクロ指標として、重要な位置を占めるのがＩＳＭＰＭＩ（The Institute of Supply Management Manufacturing Purchasing Managers Index）である。この指標は、全米の四〇〇以上の企業に勤務する購買担当役員のアンケートに基づいており、アプローチとしては「景気ウォッチャー」に類似している。また、公表される数値は「予想」に基づく季節調整値であり、それが年初に計算し直され、過去の時系列が変化してしまうことも同様である。

リアル・タイムで公表される季節調整済数値と、年に一度の修正後に発表される時系列の差異についてはＩＳＭが検証しており、こちらも「景気ウォッチャー」と同じく、重要な違いがないことを確認している。

アンケートは受注、製造、雇用、供給、在庫に分かれており、その答えが前月比でプラスかマイナスかで集計、ウェイトづけがされ、それに季節調整を加えて発表される。最終数値は％で表され、50％が中立、50％を上回っているときは企業の景況感が改善していることを示し、50％を下回っているときは企業の景況感悪化を表すことになる。

集計は、製造業と非製造業とに分けて毎月行われ、ある月の数値は製造業の場合は原則として翌月の第一営業日に、非製造業は第三営業日に公表される。

アメリカ経済の約90％は非製造業によるものであるが、日本株にとってより重要なのは、製造業の数値である（よって便宜上、ここからはＩＳＭ製造業ＰＭＩをＩＳＭＰＭＩと記す）。多くの経済学者がこの指標の重要性に言及しており、かつてのＦＲＢ議長、アラン・グリーンスパンもその一人であった。アメリカのＯＥＣＤ ＣＬＩに採用されている経済指標の一つがＩＳＭＰＭＩであることもその重要性を物語っている。

毎月公表されるという点では、ＯＥＣＤ ＣＬＩや他の多くの経済指標と同様であるが、その推移は一般的に平坦ではない。時には毎月のように上下移動を繰り返しながら一定方向に進むというパターンが見受けられる（つまりＩＳＭＰＭＩ時系列のボラティリティは高い）。

前述したように、ＩＳＭＰＭＩはＯＥＣＤ ＣＬＩの一つの構成指数であるが、ＩＳＭＰＭＩを使用してＴＯＰＩＸを毎月売り買いした場合のリターンは芳しくない。一九九〇年代初頭から

[表3]　ISMPMIに基づくTOPIX（先物）売買の成績
（1990年7月〜2017年3月）

累積リターン	平均リターン	標準偏差	勝　率
406.40%	3.20%	13.60%	59.40%

のバックテストは勝率50％という成績である。

勝率の悪さの一つの要因は、ISMPMI時系列のボラティリティが高いという点にある。この高いボラティリティを抑制すべく、時系列の三カ月移動平均をとり、この移動平均が前月比で上昇すれば「買い」シグナル、下落すれば「売り」シグナルとしてTOPIXを売買した場合の一九九〇年七月三一日から、二〇一七年三月三一日までの成績を表したのが表3である。

勝率は改善しているが、すべての面でOECD CLIに大きく劣っていることがわかる（三カ月以外の期間での移動平均も検証したが、いずれも三カ月移動平均に劣る結果であった）。

日本株にとってのISMPMIの有用性は、したがってその日常的なシグナルの供給者としての有用性ではない。日常的なシグナルとしては、OECD CLIや景気ウォッチャーDIのほうがはるかに有用だからである。それでは、株式を日々取引する者にとって、ISMPMIの有用性はどこにあるのであろうか。

表4は、一九九〇年までさかのぼり、ISMPMIが前月比で5％以上下落した例だけをサンプルとし、その一週間後、一カ月後、そして三カ月後の

［表４］　ISMPMIが前月比５％以上下落した場合のTOPIXリターン（1990年～）

	１週間後	１カ月後	３カ月後
平均値	−1.50%	−3.00%	−4.90%
中央値	−0.80%	−0.90%	−6.60%
最大値	3.40%	3.80%	16.30%
最小値	−10.10%	−27.90%	−21.30%
勝　率	29.20%	34.80%	30.40%

ＴＯＰＩＸリターンを表したものである。

必ずしもリターンがマイナスになるとは限らないが、マイナス・リターンへのバイアスが強いことがわかる。これはつまり、ＩＳＭＰＭＩが大きく下落するときは、急激にアメリカの経済状態が悪くなった場合が多く、日本株には弱気なスタンスで臨んだほうが賢明だということである。

ちなみにＩＳＭＰＭＩが急激に改善した場合のＴＯＰＩＸのリターンには、概して特筆すべきものがない。市場ボラティリティの上昇は、ネガティブなサプライズによって引き起こされる場合が多く、ポジティブなサプライズはあまり寄与しないという事実が、こんなところからも説明できる。つまりポジティブ・サプライズはそれがＩＳＭＰＭＩであろうと、他の指標であろうと相場の急上昇には必ずしもつながらないということである。

また、もう一つの要因としては、ＩＳＭＰＭＩが急上昇するような局面は、経済に過熱感が出ている場合であることが多く、これが第二章「政策の影響」で言及するアメリカ中央銀行（ＦＥＤ）による利上げの可能性を想起させるということがある。

相場は経済の鏡であると同時に、人間心理の鏡でもある。人が突如として危険を察知した時にとる行動は、とりあえずその危険を避けようとすることである。危険を避けた後に、その危険がどんなものであるのかを確認する。逆に人が突如として僥倖を知った時はどうするであろうか。恐らくその僥倖が真実なのかどうか確認してから、それに甘んじるか否かを決めるであろう。基本的に、人は用心深い動物であり、それがそのまま投資行動に反映されるのである。

季節性

株式市場に季節性があることは広く知られている。「五月に売れ」の格言はアメリカ発であり、概して一一月になると株が上がり出す「ハロウィン効果」もしかりである。日本株市場も例外ではなく、何の考えもなく毎年五月一日に日経平均やＴＯＰＩＸを売り、一一月一日に買い戻すといった投資行動を繰り返すだけで、少なくとも歴史的には相当のリターンを得られたことが証明できる。

たとえば一九九〇年から単純に五月初日に日経平均を売り、一一月一日に買い戻したと仮定しよう。この場合、二〇一七年一一月一日までに得られた累積リターンは４５３％となり、勝率は

［表５］　日経平均先物５月売り・11月買いの成績（1990年〜）

	リターン	累積リターン	勝　率
５月売り	110.30%	117.70%	66.70%
11月買い	129.70%	154.40%	65.40%
トータル	240.10%	453.70%	66.00%

66％となる（表５）。同時期のＯＥＣＤ ＣＬＩを使ったＴＯＰＩＸリターンには累積で大きく劣るが、勝率ではそれほど見劣りがしない。

これほど季節性が有効ならば、季節性と経済指標が逆のシグナルを出している場合はどうなるのかというのが素朴な疑問であろう。結論から言えば、経済指標が優位に立つことのほうが多い。ただ、これには経済指標の動きが大きい場合という条件がつく。動きが小さい場合、つまり経済状態があまり大きく変化していないと判断されるときには、原則として季節性を優先的にみることである。ここで特筆すべきは、季節性と経済指標が相反する動きをする例はあまりないということであろうか。幸い、偶然か必然か、経済指標、特にＯＥＣＤ ＣＬＩの場合、その転換点が不思議と季節性と合致することが多いのである。

季節性がなぜ有効なのかという疑問に対する答えの一つは、経済の転換点と一致することが多いからというものになるかもしれない。また逆の発想もできよう。つまり、経済の山と谷が季節性をもっているということである。

もう一つの説明に、群集心理というものがある。株式市場というのは美人投票に似たところがあり、要は皆が買えば上がるし、皆が売れば下がる。もちろん買い手の反対には必ず売り手がいるので、その数は一致するはずであるが、ここで言っているのは売り買いの水準のことである（つまりある株式を皆が100円だと思えばそこで株価は均衡するし、90円だと思えば、またそこで均衡する）。

いずれにせよ、皆が五月に株式市場が下落すると思えばそれに先んじて売ろうとするであろうし、それがまた市場の下落を誘発する。つまり、自分が自分の予言の実現者となるわけである。同様のことが一一月にも言える。これが季節性の答えであるとする説にもある程度の説得力があると思われる。

他の説を紹介すると、欧米のヘッジ・ファンドの多くが九月や一〇月を年度末にしており、一一月に新規資金の流入があるとする説がある。しかし、季節性というものはヘッジ・ファンドの存在が大きくなる前から存在しており、この説の信憑性は希薄だと思われる。

同様に、米国企業の多くがボーナスを一月末に支払うため、その資金を得た一般投資家が株に資金を流入させ、その流れが止まるのが五月頃だからとする説も眉唾である。外国人投資家が日本株市場での存在感を高めたのは一九九〇年代のことである。つまり、この解釈では一九九〇年以前の季節性が説明できないのである。

図2は、月ごとの日経225のリターンの平均値を一九八〇年以降と、二〇〇四年以降で比較

[図２]　日経225リターンの月ごとの平均値

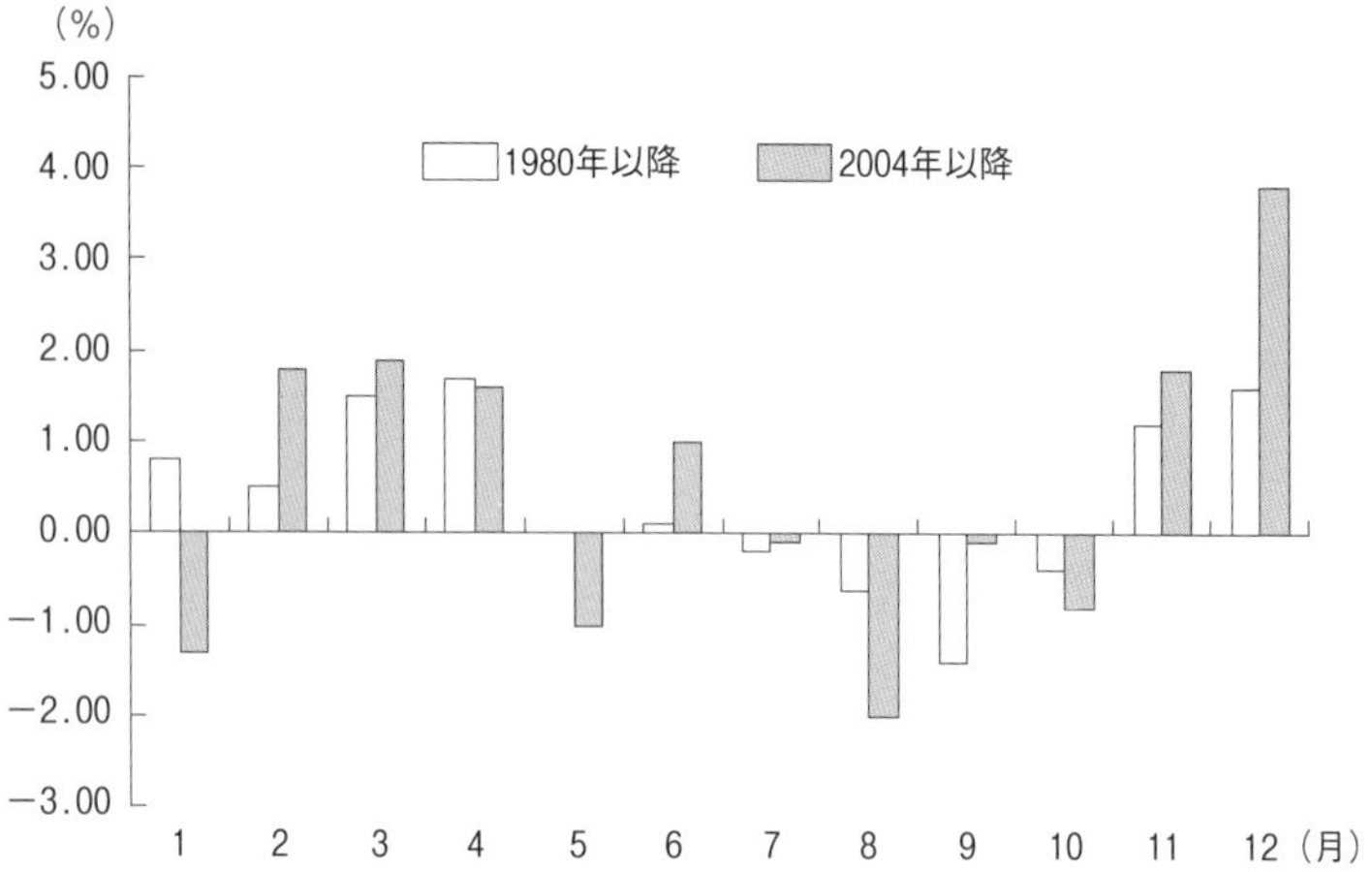

[図３]　日経225を月初に買った場合の月ごとの勝率

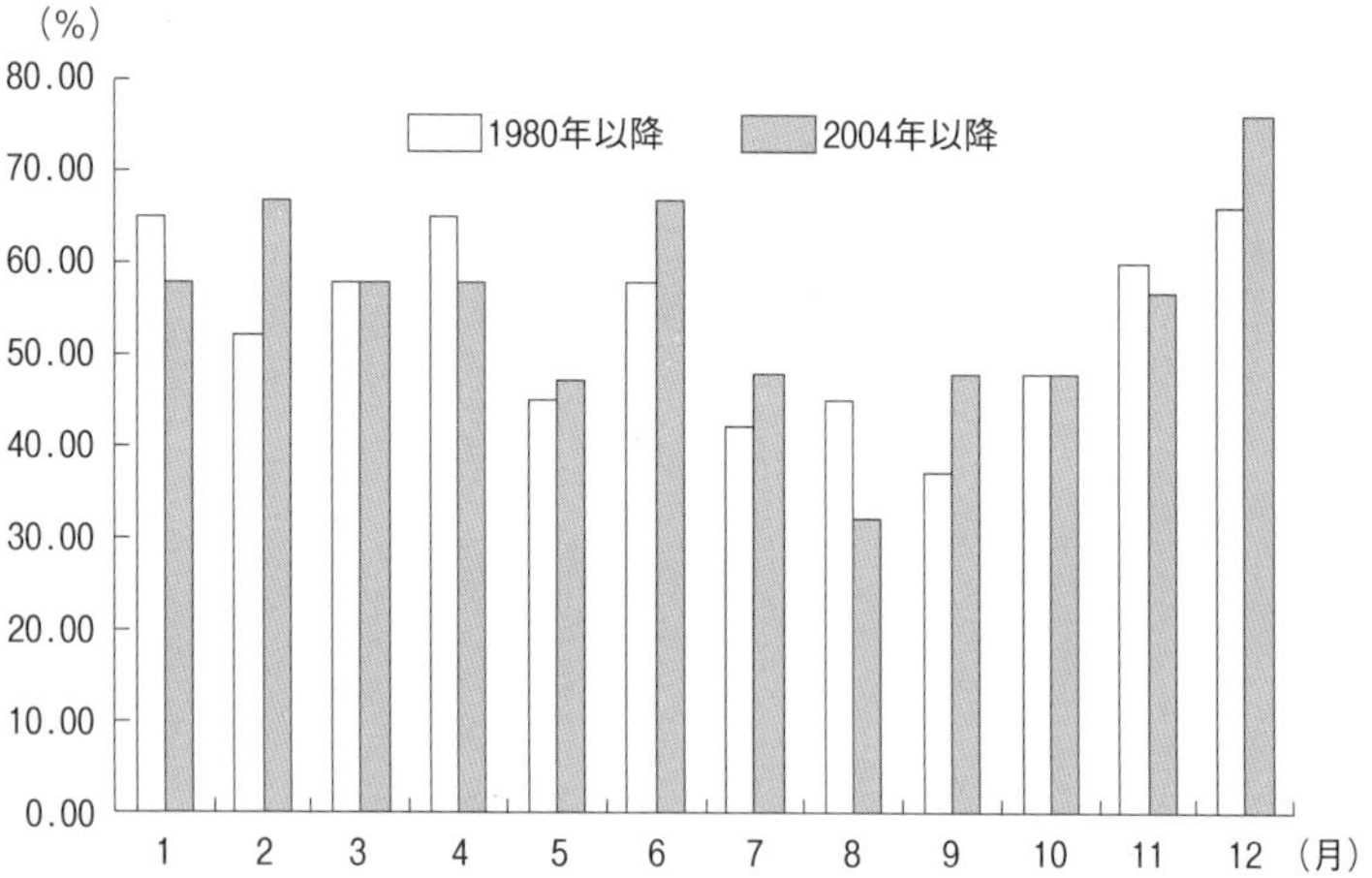

したものである。大まかな季節性の傾向は一致しているが、リターンにはかなり大きな差異があり、また一月、五月、六月の違いが顕著である。

その次の図3には月ごとの「勝率」を表示している。ここで言う勝率とは、単に月初に買った場合のリターンがプラスであったかマイナスであったかを指している。ここでも大まかな傾向は一致しているものの、二月や六月、八月、九月でかなりの差異が生じている。これは「季節性」の存在を肯定するものではあるが、どれだけの期間をみるかによってその「程度」がかなり変わってきていることを示している。

期間の重要性は過去一〇年に限ってみるとさらに顕著になる。実は五月の勝率（リターン）は、この期間で60％となっているのである。過去四半世紀と一〇年間との差異の要因がどこにあるかを精査すれば、そこには「偶然」の存在が見え隠れする。

たとえば二〇〇九年の場合、その年の二月までは周知のとおり株式市場は金融危機による暴落状態にあり、三月からの驚異的な反発が続いていたのが五月である。「売られ過ぎ」てバリュエーションが地に堕ちていたのが当時の相場であり、中央銀行に対する信頼と、経済回復に対する期待が入り混じって投資家は季節性を度外視して買いに走っていたわけである。

また別の例としては二〇一三年があげられよう。四月に日銀の「黒田バズーカ」が号砲を轟かせ、投資家はアベノミクス大相場への予感に踊っていた。その上昇の速度があまりにも速く、五月二二日を境に日経平均は下落、その後は加速度的な下落相場となるが、それでも月別にみると五月のリターンは辛うじてプラスで終わっているのである。

一〇年間で二回このようなことがあれば当然、勝率は上昇する。今後、「五月に売れ」の格言が機能不全に陥るかどうかが注目されるところである。

第二章

政策の影響

国家の政策が、株式市場に多大な影響を与えることは自明の理である。それは時に、減税や財政出動といった景気対策として株価を下支えし、金融政策として株式市場を刺激、または調整する。

歴史を振り返れば、一九八〇年代のバブルの形成とその崩壊、九〇年代以降の失われた二〇年、二〇〇五年の小泉相場、そしてアベノミクス以降といったすべての局面で、政策が株式市場のパフォーマンスに関与してきた。マネタリストと呼ばれる一部の経済学者たちは失われた二〇年を日銀の金融政策の失政に起因するものとしているし、対する伝統派と呼ばれる経済学者たちの見方は、構造改革の遅れを指摘するが、いずれにしてもそこにあるのは「政策」である。

この章で取り上げる「政策」は日本の政策に限るものではない。日本株は世界経済の動向に敏感に反応し、アメリカはもとよりEUや中国の政策にも時に大きく左右される。したがってアメリカの中央銀行であるFRB（俗にFEDと呼ばれる）の金利政策や大統領選挙、同じくEUの中央銀行であるECBの動静やBREXITなども当然この範疇となる。

個々の政策を分析し、提案や批判をすることはこの本の主旨ではない。あくまでも政策が遂行されたさまざまな局面で、それが日本株市場に与えた影響がどのようなものであったかを検証し、それを今後の投資戦略に役立てようというのがこの本の意図である。

つまり、理論的には最重要政策であっても、株式市場が無反応であれば、特筆すべき政策ではないということになる。したがってここでは、現象論的なアプローチをとり、主にアベノミクス発足以来の重要局面で発表され実施された政策がどのように日本株市場を動かし、その理由がどこにあったのかを検証していく。

アベノミクス

マネタリストの主張と伝統派の見解の両方を取り入れ、日本経済復興へ向けて大胆に舵を切ったのがアベノミクスであった。周知のとおり、アベノミクスは内閣総理大臣、安倍晋三が提唱した「大胆な金融政策」「機動的な財政政策」そして「民間投資を喚起する成長戦略」の「三本の矢」からなる経済政策の総称である。

「大胆な金融政策」では日銀に黒田東彦新総裁を迎え、デフレ脱却を旗印に、かつてない規模の金融緩和を決行、「機動的な財政政策」では一〇兆円規模の財政出動を実施、そして「民間投資を喚起する成長戦略」では規制緩和をもって企業や個人の活躍を促すとしている。

「アベノミクス」という言葉が、巷で囁かれるようになったのは、二〇一二年の一一月であったと記憶している。これはアメリカ経済の目覚ましい回復を促したと言われる一九八〇年代初頭の「レーガノミクス」や、一九九〇年代同じく初頭の「クリントノミクス」に倣った造語であるが、アベノミクス以前の株式市場は、TOPIXや日経平均のパフォーマンスからも読み取れるように、芳しいとは呼べないものであった。

二〇〇八年の世界的金融危機から漸く抜け出すかに思えた日本株市場に、大きな打撃を与えたのが二〇一一年三月一一日の東日本大震災であり、それを発端とした福島第一原子力発電所事故であった（第五章「市場を動かすその他の要因」で解説）。その後、同年七月にはタイで大規模な洪水があり、これが現地で工場を展開している日本企業には痛恨の出来事となる。

自然災害だけはいかんともしがたい現象であるが、実は二〇一一年以前から、日本株のパフォーマンスは他国のそれに目立って出遅れていた。その一つの原因が為替である。

日米間の為替の動きは、長期的にみると両国のマネタリー・ベースの伸率と関係している。もちろん、それだけで為替の動きがすべて説明できるわけではないが、二〇〇八年の金融危機からの脱却を図って劇的な量的緩和を断行したアメリカ中央銀行（ＦＥＤ）に対し、日銀は及び腰であった。それがアメリカのマネタリー・ベースを対日で急成長させる結果となり、円高が一向に是正されない事態になっていたのである（本章「為替と日本株市場」の項を参照）。

冴えない株式相場のもう一つの原因が政治であった。二〇〇九年八月の衆議院選挙で、当時の民主党が歴史的な大勝を果たし政権を奪取。金融危機や拡大する格差に業を煮やした国民が、自民党に引導を渡した結果の快挙であったが、その期待を裏切るように民主党への信頼は「仕分け」の失敗や「八ツ場ダム」問題、そして東日本大震災と福島原発事故への対応の悪さ等を主要因に凋落していく。

支持率の低下に喘ぐ当時の民主党野田内閣は、二〇一二年一一月一六日に衆議院を正式に解散。その前々日の一四日から解散は既成事実となっていたが、一四日の日経平均の引け値は8664・73円、十五日には8829・72円、一六日には9000円を突破する。

歴史的にみると、選挙が大きく相場を動かすことはあまり例がない。二〇〇九年八月に民主党が大勝した衆議院選挙後も、相場は若干の上昇をみせた後に下落に転じている。近年では二〇〇五年八月に当時の総理大臣小泉純一郎が断行した俗に言う「郵政解散」と同年九月一一日に自民党小泉派の圧勝に終わった衆議院選挙が唯一の例外として記憶に新しい。

二〇〇五年の日経平均は、四月二一日に年初来安値を記録した後、徐々に緩やかな回復に転じていたが、それが八月一一日の衆議院解散発表を機に一段高となり、九月一一日以降はさらに上昇気流に乗ることになる。最終的には、翌年四月七日に17563・37円の高値まで上り詰めることになるのだが、「郵政解散」前日、二〇〇五年八月一〇日の12098・08円から計算すると45・2％の上昇率という記録を残すのである。

これはあくまで結果論ではないかという批判は当然あるだろう。たしかに日経平均の上昇率まで予想することはほぼ不可能に近い。そうは言っても、小泉政権が規制緩和を旗印に発足したこと、そしてその内閣が選挙で国民の力強い支持を得たことで、相場が上昇することは容易に予想できた。

しかし、実は、この時の株式相場には別な要因が作用していたのである。一つは第一章の「ＯＥＣＤ ＣＬＩ」の項の表2から明らかなように、Ｇ7経済が二〇〇五年七月十一日に上昇に転じていることである。この指標が約一カ月と十日遅れて発表されることを思い出していただきたい。つまり、Ｇ7経済は五月末時点で、既に回復し始めていた。そしてその兆候は、ＯＥＣＤ ＣＬＩの発表を待たずとも、その構成指標やその他の経済指標に現れていたはずである。

もう一つの要因は、アメリカの中央銀行であるＦＥＤが、アメリカの景気の強さを受けて二〇〇四年六月からほぼ毎月利上げを行っていたことである。一方、同時期に日銀は政策金利である「無担保コール翌日物」の金利を動かしておらず、日米の金利差が拡大するなか、米ドルが買われ日本円が売られることによる円安が進んでいた。

仮に選挙がなくとも、世界経済の回復を背景に、日本株は相当な上昇をみていたことが容易に想像できる。ただ、規制緩和を目指した小泉改革が、その上昇率にプラス・アルファとなったことに間違いはないであろう。

話を元に戻すが、二〇一二年一一月一六日の衆議院解散後も、日本株相場はそのまま上昇を続け、自由民主党が地滑り的勝利を収めた同年一二月一六日の翌日の日経平均は、９８２８・88円を記録する。約一カ月前の一一月一四日から計算すると、13％を超える上昇率である。

支持率の低迷から、衆院選で民主党が大敗することは目にみえていた。加えて次期総理大臣に選任されるであろう安倍晋三は、選挙戦が始まる前から日本経済の復興を訴え、大規模な政府支出や金融緩和を提言していた。

相場は人間心理の鏡であるから、世論からは疫病神のように言われていた民主党が政権を失うというだけで、株式市場が上昇することは予想できた。さらに経済成長をスローガンにした安倍政権誕生となれば、蓋を開けてみなくとも強気相場の訪れは明らかであった。

二〇一二年一一月から始まった大相場の要因はしかし、それだけではなかった。一つには季節性である。第一章の「季節性」の項で紹介した表5を参照していただきたい。過去のパターンであれば、一一月に株を買い戻すだけで、65％の勝率でプラスのリターンを得ることができるのである。

ただ、二〇一二年一一月には、季節性にも増して重要なことが起きていた。第一章の「OECD CLI」の項の表2からわかるように、G7経済が回復基調に乗ったことが判明したのが、一一月九日なのである。つまり、二〇一二年一一月からの株式市場の急騰は、政策と季節性、そして世界経済の回復という三拍子そろった結果であった。

その証拠には、実は二〇一二年一一月中旬から回復を始めていたのは日本株相場だけではなかったということがあげられよう。アメリカでも、ドイツでも、イギリスでも、香港でも、ほとんどすべての株式市場がほぼ同時に上昇を経験している。

一概にアベノミクス相場と言っても、その定義は明確ではない。アベノミクス相場にはいくつかの山があり、その最初の山は二〇一二年一一月一六日から二〇一三年五月二二日までと考えるのが妥当であろう。このわずか半年ほどの間に、日経平均は73%の上昇率を記録することになるのである。

日銀と黒田バズーカ

「三本の矢」の一本目が「大胆な金融政策」であることからわかるように、アベノミクスの重要な一端を担ったのが日銀であった。

二〇一三年三月二〇日、任期満了を待たずに退任した白川方明前総裁にかわって黒田東彦前アジア開発銀行総裁が、第三一代日本銀行総裁に就任する。黒田東彦氏は、その経歴と就任以前の発言から、積極的なマネタリストとして評判が高かった人物であるが、以前から他の候補者を頭一つリードしていた黒田東彦氏の就任はサプライズではなく、翌日こそ日経平均は上昇したものの、その後は冴えない状況が続く。

日経平均は、二〇一二年一一月一六日から二〇一三年三月二〇日までにすでに40%上昇しており、これ以上の上昇があるのかどうか市場に不安が燻り始めたのがこの時期である。不安の要因としては、アメリカ経済に失速の影がみえ始めていたばかりか、当時、市場を悩ませていた問題にキプロス危機があった。

二〇一三年のキプロス危機とは、二〇〇八年の世界金融危機から何度も浮上していたユーロ危機から派生したものであり、相場をみていた専門家にとってはレーダーのスクリーンに突然現れた未確認飛行物体のようなものであった。

それと言うのも、キプロスのGDPはEU全体の0・2%にすぎず、このような小国の財政難が他国に大きな影響を与えるとは思えなかったからである。しかし、問題の本質は、キプロスの経済規模ではなく、その背景にあった。

端的にまとめると、キプロスは財政難からEUの支援を受けており、支援の条件として一定の財政規律を保つ必要があった。ところがその財政規律を守るべく発案された政策が国民の反発を買い、施行できなくなったのである。

これがキプロスだけであれば、市場が動揺する理由はなかった。しかし、キプロスより経済規模がはるかに大きいうえに、同じくEUからの支援を受けているポルトガルやスペイン、そしてイタリアまで飛び火するのではないかという懸念が一気に広がった。EUが求める緊縮財政に国民が反発すれば、その国家に残る手段はEUを離脱するか、EUが厳しい緊縮財政の条件を緩和する以外に道はない。つまり、ユーロ圏の崩壊を市場はおそれたのである。

最終的には、三月二五日にEUによって新たな救済策がまとめられ、キプロス危機は沈静化する。しかし、類似した事態は、キプロスに限らずユーロ危機として、その後も再浮上する可能性があり、その問題解決が政策頼みであるがために、市場参加者には先が読めない嫌いがある。

このようなときには、とりあえず投資を手控えるかポジションを落とし、様子見に走るのが賢明である。なぜなら、問題解決の緒がみえてから再投資しても多少の上昇率を逃すだけですむからである。逆に問題がこじれれば、相場はさらに下落すると思って間違いない。

一方、アメリカ経済の失速は、三月の製造業ISMPMIに最も顕著に現れた。リセッション・ラインである50を割ることすらなかったが、コンセンサス予想を大幅に下回る51・3となり、前月比で5・4%の下落を記録したのである。これは一九九〇年からその時点までで、下落率のワースト20にランクする数字であった。

第一章の「ISMPMI」の項で論じたように、ISMPMIが前月比で大きく低下した後の日本株のパフォーマンスは統計的に不良である。しかし、この月に限っては、「売り」に転じた投資家は少なかった。なぜなら四月四日に黒田総裁になって初めての日銀政策発表を控えており、何かをしてくるだろうという予想が経済の現実に優っていたからである。

二〇一三年四月四日、黒田総裁率いる日銀はかつてない規模の量的緩和（QE）を発表する。黒田総裁をして「異次元緩和」と言わしめたその内容は、インフレ目標を2%とし、それを二年で達成するためにマネタリー・ベースを二倍にする（年間60～70兆円の増額）というものであった。

それまでマネタリー・ベースの伸率における対アメリカの劣勢を一挙に逆転し、デフレ脱却に向けたなり振り構わない日銀の新政策は、その実現性に懸念を残しながらも相場を唸らせるには十分であり、その日のうちに日経平均は2・2％上昇、その後は五月二二日の年初来高値までさらに24％の続伸となる。

この結果は、黒田総裁のマネタリストとしての面目躍如であり、人口問題を含めた日本の構造改革をとりあえず後回しにしても、少なくとも短期的には相場を大きく押し上げる力が金融緩和にあることを再確認させてくれた。そして不安の残るキプロス財政も、アメリカ経済の突然の失速も、大きな政策転換の前には無力であることを教えてくれたのである。

繰り返しになるが、相場は経済の鏡であると同時に、人間心理の鏡である。日銀の前代未聞とも呼ぶべき画期的な金融緩和を目前にすれば、それがアメリカ経済の不安やユーロ危機への懸念を吹き飛ばしてしまうほどのパワーを秘めていることがわかりそうなものである。そして投資家の心理は、その可能性に反応したのである。

二〇一三年五月二二日をピークに、第一次アベノミクス相場は終焉を迎える。翌二三日に日経平均は7・3％下落し、六月一三日の12445・38円まで20％を超える下落率を記録すること

［図4］　日経225の推移（2012年10月31日～2013年7月31日）

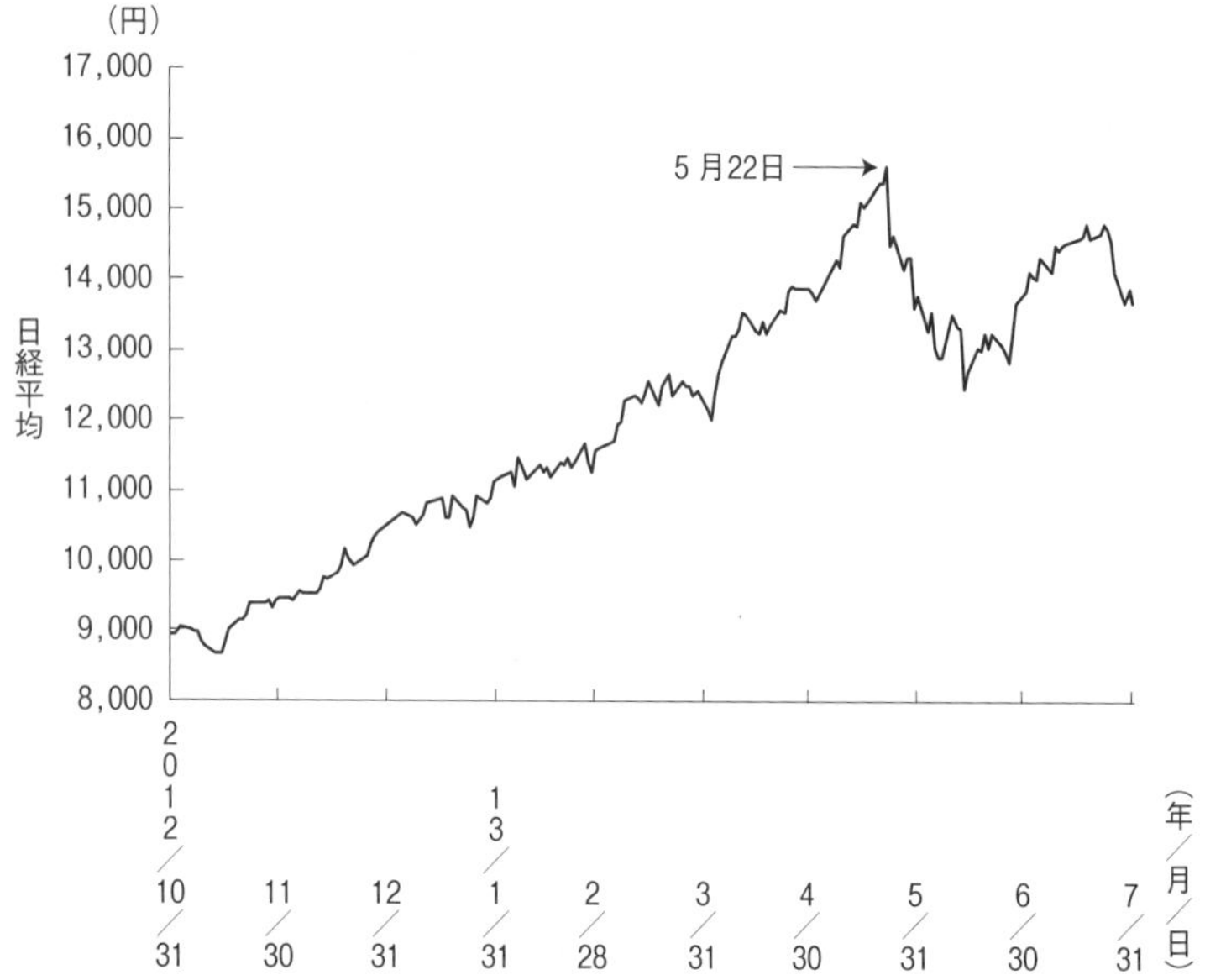

となる（図4）。ちなみに7・3％の日次下落率は、一九八九年までさかのぼっても第六位にランクされ、リーマン・ショック直後の二〇〇八年一〇月と東日本大震災の二〇一一年三月を除けば、第一位にランクされる規模である。

黒田日銀の画期的な金融緩和にもかかわらず、なぜ相場はこのような調整を経験するのであろうか。

理由はいくつかあげられるが、調整のタイミングや規模までピンポイントで予見することはほぼ不可能であった。なぜならこの暴落の直接の原因となったのが、アメリカ時間五月二二日のアメリカ中央銀行（ＦＥＤ）議長であったベン・バーナンキの議会証言であったからである。

この証言のなかで、ベン・バーナンキは初めてテーパリング（量的緩和縮小）に触れ、アメリカの金融政策が実質的に緩和から緊縮に動く可能性を示唆した。リーマン・ショック以降、アメリカはもとより世界の金融市場を支えてきた立役者が主にアメリカ主導の量的緩和であったがゆえに、その縮小の可能性は世界の株式市場に衝撃として受け止められ、日本もそのショック・ウェイブの波及から逃れることはできなかったのである。

しかし、日本株の下落が特に大きかった理由は他にも犯人を探さなければならない。まず注目すべきはテクニカル指標である。これは相場の過熱感や低迷度を測るために用いられるもので、よく知られたものにはＲＳＩ、ボリンジャー・バンド、騰落レシオなどがある（第四章「相場の頂点とどん底」で解説）。ただ、これらの指標が過熱感を示していても、必ずしも相場が大きく調整するわけではないから要注意である。

五月二二日時点で、ほとんどすべてのテクニカル指標が「過熱」を示唆していた。日銀の金融緩和は、あくまで「期待」である。それが実体経済にどれほど影響があるかは未知数なのである。期待だけで買われる相場は長続きしない。その意味で、金融緩和は劇薬的な効果はあっても、根本的な治癒には不十分なのである。

前述したように、三月末にはアメリカ経済の失速が明らかになっており、それはＩＳＭＰＭＩだけでなく、住宅着工や鉱工業生産にもみえるようになって来ていた。それにもかかわらず、日本の長期金利は上昇を続けていたのである。経済が悪化しているときに、金利が上昇するのは「悪い金利の上昇」と呼ばれ鬼門である。五月二二日はその数日前から、不吉な金利の上昇があった。

五月二三日の相場暴落を最も正確に予知させてくれたのは、恐らく先物の裁定残であったと思われる（先物の現物株相場への影響は第三章「派生的トピック」で後述）。相場には裁定業者と呼ばれる一団が参加しており、一般的に彼等は大手の証券会社のトレーディング・フロアの一角を占めている。

先物と現物の間には、一定の法則（裁定）が働いており、それから逸脱したような場合を裁定機会と呼ぶ。これは無償で利益を産める可能性を意味する。特に強気相場の時には先物が買われる傾向になるので、先物が現物より若干先に上昇し、これが裁定機会を生むわけである（弱気相場の時は、その逆になる）。その際に裁定業者が行う取引は、先物売りの現物買いである。満期時の先物価格は、その時の現物価格と理論的に一致する。それを見越して行うのが裁定取引であり、俗にサヤをとると呼ばれる。

先物を売って現物を買っているので、その現物が裁定残として記録されるわけである。五月二二日の時点で、この裁定残が（ＴＯＰＩＸ先物と日経先物の合計）記録的なレベルにあり、当時の日経225やＴＯＰＩＸの水準からはどう見ても不自然であった。つまり、これは警戒警報である。

先物が大きく売られれば、裁定業者は手持ちの現物を売ってポジションを閉じなければならない。これが五月二三日の大暴落に寄与したことに疑いの余地はなく、事実、二三日の裁定残は先物の建玉とともに前日比で大幅に減っているのである。

第二次アベノミクス相場

第一次アベノミクス相場が二〇一二年、一一月の中旬に始まり、二〇一三年五月二二日に終わったのだとすれば、その寿命はわずか六カ月余りであったということになる。これに異論を唱えよう思えばいくらでも唱えられるので、ここでは第一次アベノミクス相場をこのように定義する。

事実、日経225は五月二二日の引け値であった15627・26から同年六月一三日の12445・38まで約3200ポイント（20％）下落した後、上場と下落を繰り返しながら低迷を続け、結局五月二二日の引け値を取り戻したのは一一月の末日であった。年の最終取引日であった一二月三〇日まで日経平均は上昇し、年末の引け値は16291・31となる。

前年最終取引日の引け値が10395・18であるから、日経平均は年初来で56・7％上昇した計算となり、後半の低迷にもかかわらず二〇一三年がいかに強気相場であったかを物語る結果となった。しかし、五月二二日までに50％上昇していたことを考えると、やはり第一次アベノミクス相場は五月二二日に終わったと考えるのが妥当であろう。

ちなみに二〇一三年一二月の上昇相場は季節性と円安によるところが大きい。これも政策絡みであるが、国内では日銀による追加緩和の可能性が取り沙汰されており、また世界最大規模の年金基金であるGPIFの資産配分が株式に傾倒するのではという憶測が流れていた月でもあった。

さらに海外では後に踏み込んで解説するアメリカ中央銀行（FED）によるテーパリング（実質的な金融引き締め）の開始が噂されており、いずれの要素も円安を誘引するには十分な要素であった。テーパリング自体は諸刃の剣である。金融引き締めが時期尚早と市場が判断すれば、それはネガティブ材料となり、為替は円高に振れ株式相場は売られることになる。

いったんはアベノミクス相場の復活を予感させた一二月相場であったが、翌年一月にはベン・バーナンキが退任し、ジャネット・イエレンが新FED議長に就任することで市場には新たな不確実性が誕生する。結果として一月の日本株市場は再び大きな下落で二〇一四年の幕を開けることとなった。

二〇一四年一月、新FED議長となったジャネット・イエレンは予想どおりにテーパリングを開始する。それは決して積極的なものではなく、様子見をしながら量的緩和を縮小するという用心深いものであったが、それが弱気相場に拍車をかけることとなった。

FED議長の交代劇がトリガーとなったのか、テーパリング開始の影響か、はたまた別の要因が寄与したのかは定かではないが、二〇一四年二月初頭に発表された一月のISMPMIは前月比で大幅に下落、アメリカ経済の急激な悪化を暗示する数字となる。ただでさえ弱かった一月相場であったが、ISMPMIがだめ押しとなり、株式市場はさらに急落する。

二〇一四年の相場傾向を一口で語るとすれば、それは何と言ってもグローバル経済の悪化であった。第一章「マクロ指標」で紹介したOECD CLIの表2を参照していただきたい。前述したISMPMIの突然の悪化に象徴されるように、二〇一四年一月からG7の経済は悪化の一途をたどり始める。

そしてその回復には、二〇一四年一一月(OECD CLIの発表は二〇一五年一月)を待たなければならないのである。ただ、これはマクロ指標を参考とした経済の回復であって、日経225(あるいはTOPIX)に代表される日本株市場は例によって上下動を繰り返しながら六月までほぼ横ばいで推移し、その後徐々に上昇に転じる。

背景にあったのは、予想に反したアメリカ経済の回復であり、消費増税の影響である。

二〇一四年四月一日に日本の消費税はそれまでの5%から8%に引き上げられ、日経平均の推移から判断すれば、少なくともニュースとしての悪影響は明らかであった。その悪影響への懸念が、消費動向などから払拭され始めたのが六月であった（消費増税の株式市場に対する影響については本章で後述）。

アメリカ経済の回復に関して言えば、その代表的な指標であるISMPMIは一月の急落後に反発。二月からは堅調な伸びを示し、八月には大幅高となる。アメリカ経済が好調であれば、為替はほぼ例外なく円安に動き、これが日本株市場を下支えする。

しかし第一章「マクロ指標」で分析したように、ISMPMIは株式市場にとって必ずしも有効な指標ではない。同時期にOECD CLIや景気ウォッチャーDIは悪化を続けており、グローバル経済の脆弱さを物語っていたのである。

九月のISMPMIが再び前月比で大きく下落し、ドイツの鉱工業生産指数の急激な悪化が公表され、IMFがグローバル経済の成長率を下方修正すると株式市場は反転急降下する。その後、テクニカル的に売られ過ぎの状態から、株式市場は反発するが、FEDは予想どおり十月二八、二九両日に開かれた政策会合（FOMC）で量的緩和の終了を発表。

いよいよFEDの次のステップは利上げかと、大きな不確実性が再び市場を覆うこととなるが、不安にとらわれていた世界の株式投資家の心理を一気に好転させる救世主となったのはほかでもない、日本であった。

第二次アベノミクス相場は、二〇一四年十月三一日に始まったと言うべきであろう。この日、日銀は大方の予想を裏切って大規模な追加緩和を発表する。それは長短期国債と上場投資信託（ＥＴＦ）および不動産投資信託（ＲＥＩＴ）購入の大幅増額を軸としてマネタリー・ベースの増加を年80兆円に拡大するというものであった。

劣化したとはいえ世界第三位の経済規模を誇る日本の中央銀行が画期的な量的緩和をさらに拡大するというニュースは、あっという間に世界の金融市場を駆けめぐった。いわゆる黒田バズーカ第二弾で為替は大きく円安に動き、日経平均は前日比で４・８％上昇する。

しかし、第一章の「ＯＥＣＤ ＣＬＩ」の項で触れたように、この刮目すべき上昇率の要因は実は日銀だけではなかった。同日にＧＰＩＦがそれまで維持していた24％という株式への資産配分の割合の見直しを発表し、一気に50％（外国株25％、日本株25％）へと引き上げたのである。

正式には「基本ポートフォリオの見直し」と呼ばれるＧＰＩＦの政策変更は、その実施が一日で行われるわけではない。しかし、運用資産規模にして１００兆円を優に超えるＧＰＩＦのこの動きはニュース・バリューとしては十分で、他の投資家の日本株への投資意欲を掻き立てる結果となった。

日銀とＧＰＩＦが同日に日本株市場にとって大きくポジティブとなる政策発表を行ったことに

ついてはさまざまな憶測が飛び交った。最有力であったのが、一一月に正式発表されると予想されていた二〇一五年一〇月の消費増税である。そのネガティブなインパクトを中和するために、日銀とGPIFが同日に動いたのではないかという憶測がまことしやかに報道される。

日銀とGPIFはこれをすみやかに否定。歩調があったのは偶然であると発言する。真実は定かではないが、消費増税云々に関しては、一一月十八日に安倍晋三首相が記者会見で消費増税の先送りを発表し、日銀やGPIFの動きが消費増税中和を意図したものではなかったばかりか、景気後退への懸念を少なくとも日銀は官邸と共有していたことが明らかとなった。

この時の日経平均の推移をみると、消費増税延期のニュースがさらに株式にとっては追い風となっていることがわかる。日銀とGPIF、そして消費増税延期が束になって株式市場を押し上げたのである。

ただ、そうは言っても政策による株式の下支え効果は実体経済の回復が伴ってはじめて持続性を発揮する。前述したようにG7 OECD CLIは、実は一一月にはすでに回復基調に乗っていたが、それが明らかになるのは翌年の一月であった。

いずれにしても九カ月にわたって悪化を続けたグローバル経済の影響か、需給のアンバランスか、一一月の初頭から原油価格の暴落が始まる。原油価格にその景気を依存するロシアのルーブルが売られ、それが他の新興国通貨へと伝染し、一二月に入って新興国通貨危機の再来が囁かれると円高とともに日本株が叩き売られる状況となった。

この時点で、原油価格と株価がネガティブ相関を示していた銘柄には全日空、ブリヂストン、オリエンタル・ランドがあり、原油価格が高騰すれば燃料費が上昇するため、その煽りを受ける銘柄が並んでいる。

逆に原油価格高騰の恩恵を受ける銘柄としては、国際石油開発帝石や商社銘柄が登場しており、こちらも頷けるリストであった。事実、原油価格が暴落するにつれ、全日空やブリヂストン株を買い、国際石油開発帝石や商社株を売っておけば、かなりの利益を得ることができたはずである。

明けて二〇一五年一月には再び前年一二月のＩＳＭＰＭＩが急激に悪化。二〇一四年に続いて二〇一五年の一月も日本株の暴落で始まることとなった。本来ならばさらなる大きな下落に見舞われる可能性があった株式市場であったが、それを救ったのが一月二二日に発表されたＥＣＢによる最初の量的緩和（ＱＥ）の発表であった。

ちなみにこの時、円はユーロに対して弱含んでいる。ＥＣＢのマネタリー・ベースが日銀のそれに対してふくらむわけであるから、経験則では円はユーロに対して強く推移するのが定石である。しかし、この時はＥＣＢの決断を好感して、市場はリスク・オンとなり、円が売られる結果となったのである。これなどは為替が一筋縄ではいかない好例であろう。

いずれにしてもＥＣＢの量的緩和の影響もあってか、ＯＥＣＤ ＣＬＩが示唆するようにグローバル経済は改善の兆しをみせ始め、日経平均も回復。その上昇基調は二〇一五年八月まで続くこととなる。この時期が第二次アベノミクス相場と呼ぶのにふさわしいのではないかと思う。

GPIF

第二次アベノミクス相場で起きた一つの「事件」は、報道と相場の関係を考えるにあたって、非常に興味深い事件として記憶にとどめておく価値があると思われる。その事件は、前項で触れたＧＰＩＦの「基本ポートフォリオ見直し」を発端として勃発した。

二〇一四年末時点で公表されたＧＰＩＦの運用資産総額は１４１兆円であるから、一〇月末時点でもそれに類似した額が運用されていたと推計できる。このなかでポートフォリオ見直し前に国内株に振り分けられていた割合は12％であり、これは単純計算で約17兆円という額になる（実際には12％はあくまで目標値であり、ＧＰＩＦ自身、この12％に上下数パーセントの幅を与えることを公表しているので、厳密な数字はあまり意味がない）。

これが見直し後には25％に引き上げられたのだから、国内株式には約35兆円が割り当てられることになり、少なくとも表面上は差し引きすると概算で18兆円が国内株式に流入する計算が成立する。

この資金で一気に株式を購入すれば、株価は暴騰し、GPIFは株式を高値掴みすることになりかねないから、このような資産の再配分は徐々に行われるのが通例であるが、とはいってもポートフォリオの見直しを発表していつまでも旧態依然としているわけにもいかない。したがってGPIFは、二〇一四年一〇月三一日以降（あるいはそれ以前から開始されていたとする説もある）、着々と株式の購入を始めたのである。

東証一部の取引高が一日にだいたい1兆円から2兆円であるから、18兆円といっても、それが分散して投資される限り株式市場が暴騰するような額ではない。しかし、このような公的資金の大きな動きには、必ず他の投資家もついて回るものであり、実際のインパクトは18兆円をはるかに超えたものであったと推測できる。

他の投資家がどのような動きをするかと言うと、GPIFが18兆円を投資するのであるから、投資先の株価の上昇を予想して、GPIFに先んじてそれらの株式を購入するか（順張り）、俗に言う「逆張り」でGPIF絡みで上昇した銘柄の売りを仕掛けるであろう。

そこで考慮するのが、GPIFがどのような投資姿勢あるいは方針で所有するポートフォリオ内の株式を選好するかである。GPIFは公的年金であり、秘密組織ではないから、その投資対象や基準はホームページ上に公開されている。

それによると二〇一四年一二月末時点で、国内株式に関して言えば約90%がパッシブ運用である。残りの10％がアクティブ運用となっており（パッシブとアクティブ運用の詳細は第三章「派生的トピック」を参照）、その資金を一四のファンドが分け合うかたちとなっていた。

なお、パッシブ運用のベンチマークはほとんどＴＯＰＩＸであるから、それだけでＴＯＰＩＸ銘柄がそのウェイトに準じて購入されることが予想される。さらに予想できるのは、ＪＰＸ４００への資金流入である。

少々本題からずれるが、ＪＰＸ４００指数とは構成銘柄のＲＯＥや営業利益などを基準にして作成された「クォリティ」指数であり、二〇一四年一月六日から算出を開始。ＧＰＩＦがパッシブ運用ですでにその採用を決定しており、したがって従来のＴＯＰＩＸから幾分かの資金がＪＰＸ４００に流れることが予想できたわけである。

実際にはこの時期、ＴＯＰＩＸがＪＰＸ４００を若干ではあるがアウトパフォームしており、少なくとも資金流入の影響はインデックス上では確認できない。恐らくインパクトを確認するには、ＴＯＰＩＸ銘柄とＪＰＸ４００銘柄のウェイト配分を考慮し、個別株のパフォーマンスの違いをみるほかにないであろう。それでもはたしてノイズ以上の情報が得られたかは疑問である。

理由は、このとき他のファクターが市場を席巻していたからである。そのファクターがこの項の事件の主人公、ボラティリティである。ボラティリティについても、第三章「派生的トピック」で説明するが、ここでは単純に株価変動率と考えてよい。

話を本題に戻そう。二〇一五年一月初旬に急落して始まった日経平均はECBの量的緩和や世界経済の回復もあってその後上昇に転じ、三月末日までに14％を超えて上昇するというちょっとした強気相場となった。通常このような相場展開の場合、相場全体をアウトパフォームするのは高ベータ（あるいは高ボラティリティ）銘柄やバリュー株である。ところが大方の予想に反して、この時期のアウトパフォーマーは低ボラティリティ銘柄（ディフェンシブ銘柄）だったのである。

概して機関投資家の役目は、相場状況に応じてポートフォリオを調整し、ベンチマークをアウトパフォームすることである。強気相場が到来すると予想し、ポートフォリオ内の銘柄を高ベータやバリュー株にシフトした機関投資家は、低ボラティリティ銘柄のアウトパフォーマンスで当てが外れ大慌てすることとなる。これが「事件」である。なぜこのような「事件」が起きたのであろうか。ここに報道が関係してくる。厳密に言えば、報道と「偶然」である。

「報道」とはどういうものだったのか。二〇一五年第一四半期における低ボラティリティ銘柄のアウトパフォーマンスは、MSCIジャパン最小分散指数（低ボラティリティ指数）に最も顕著である。報道はこの指数に脚光を当て、いかにもGPIFの資金が直接この指数に流れ込んでいるかのような錯覚を与えたのである。

MSCIジャパン最小分散指数は約一五〇銘柄からなる指数であり、その名のとおり、ボラティリティの低い銘柄のコレクションである。しかし、GPIFはまったくこの指数に資金を投じていない。

ＧＰＩＦの当時の資料によると、ＧＰＩＦが若干の資金を投じている「低ボラティリティ」指数はＳ＆Ｐ ＧＩＶＩジャパン指数であり、構成銘柄数は１１００を超える。銘柄数からして低ボラティリティ指数とは呼びがたい指数であり、しかもＧＰＩＦからこの指数への資金流入額は最大でも２５００億円程度であって、とても大きなインパクトがあったとは思えない。

ＭＳＣＩは最小分散指数に加えてさまざまな指数を開発・発表しており、これらの指数は俗にスマート・ベータ指数と呼ばれ、一定のテーマやファクターへの依存度が高いため、その明確性から一般投資家に重宝される指数群となっているが、そのなかの一つがＭＳＣＩバリュー株指数と呼ばれるものである。

二〇〇一年までさかのぼってみた場合、過去の弱気相場以外でＭＳＣＩジャパン最小分散指数がＭＳＣＩバリュー株指数をアウトパフォームした例はなかった。ところが二〇一四年末から二〇一五年初頭のＭＳＣＩジャパン最小分散指数の動向をみると、上昇相場であったにもかかわらず、たしかにＧＰＩＦの基本ポートフォリオ見直しの発表とほぼ同調したかたちでそのアウトパフォーマンスが始まっているのである。

論点を整理すれば、ＧＰＩＦはＭＳＣＩジャパン最小分散指数にまったく資金を投じていないのにＭＳＣＩジャパン最小分散指数の対ＭＳＣＩバリュー株指数アウトパフォーマンスが

ＧＰＩＦの運用資産配分見直しとほぼ同時に起きており、しかもそれが強気相場で起きているということになる。

ここに実は「偶然」が介在しているのである。「第二次アベノミクス相場」の項で触れたように、二〇一四年一〇月末のＦＯＭＣでアメリカ中央銀行が量的緩和終了を発表する。これを嫌気してＳ＆Ｐ５００が急落。主要ボラティリティ指数であるＶＩＸ指数（詳細は第三章「派生的トピック」で後述）が急上昇する。これを機に、世界の投資家は一気にディフェンシブ銘柄（一般的に低ボラティリティ銘柄）へと資金をシフトしたのである。

これはそのすぐ後の黒田バズーカ第二弾を受けて若干の修正をみるが、一一月の初旬からさらに顕在化した原油価格とロシア・ルーブルの暴落が、投資家のディフェンシブ・シフトをいっそう推し進める。

つまりＧＰＩＦ国内株式投資資金の最低でも約90％の振り分け先であるＴＯＰＩＸとＪＰＸ４００が買われたために相場全体が押し上げられたにもかかわらず、銘柄選好には低ボラティリティであるディフェンシブ銘柄へとバイアスがかかっていたというのが実情だったのである。

国内の特に個人投資家に限って言えば「ＧＰＩＦが低ボラティリティ株に投資する」という誤った報道が、低ボラティリティ株買いを促進したという側面がある。またその理由として、それまでＧＰＩＦは多くの資金を国債に割り当てていたのだから、株にその資金をシフトするならばより性格が国債に近い低ボラティリティ株に投資するに違いないという一見穿った見方が背後にあった。

事実、超低金利を嫌った欧州のいくつかの銀行や保険会社などが、債券から株に投資資金をシフトする際に低ボラティリティ株を買ったという経緯もあったようであるが、それだけで日本株市場における低ボラティリティ株のアウトパフォーマンスを説明するには力不足であろう。むしろ高ボラティリティを嫌うリスク・パリティ・ファンド（第四章「相場の頂点とどん底」で解説する）のようなヘッジ・ファンドの影響力のほうが大きかったと思われる。

いずれににせよ、公表されている資産配分や投資方針をみる限り、GPIFが低ボラティリティ株に資金をシフトしたという証拠はない。やはり最も理に適った解釈は、GPIFによる株式相場全体の押し上げ効果がグローバルな投資家のディフェンシブ銘柄への資金シフトと偶然にも一致したというものであるように思われる。

まさに「偶然」によって報道が翻弄され、報道によって投資家が翻弄されたという例として、これは特筆すべき事件であった。

コーポレート・ガバナンス

アベノミクスやGPIF改革の一環として、近年脚光を浴びているのがコーポレート・ガバナンス（企業統治）という概念である。単純に言えば、企業がいかに法にのっとり、株主や社会に対して責任をもった活動をしているかの尺度が企業統治である。

日本企業のコーポレート・ガバナンスを改善すべく先鋒に立ったのが金融庁であり二〇一四年二月に「『責任ある機関投資家』の諸原則」と銘打った「日本版スチュワードシップ・コード」を発表（その後二〇一七年五月に改訂版を発表）、二〇一五年三月には副題を「会社の持続的な成長と中長期的な企業価値の向上のために」とする「コーポレートガバナンス・コード原案」を策定するに至る。

皮肉な見方をすれば、それまで日本の機関投資家は「無責任」な投資行動をしていたのかということになり、また政府の監督機関に手取り足取り教えられなければ日本企業は自らの統治もできなかったのかということになるが、より建設的な見方をすれば、いよいよ日本の機関投資家も企業も世界レベルに到達するという希望の燈を灯してくれたのが「スチュワードシップ・コード」であり「コーポレートガバナンス・コード」であった。

投資家は変化を好む。たとえそれが形だけで身のない変化であろうとも、皆がそれに便乗すれば相場は動く。金融庁肝いりで導入されたスチュワードシップや、コーポレート・ガバナンスが身のないものと言うつもりはないが、少なくとも導入された時点では、海のものとも山のものとも判断しがたい「モノ」であったことに間違いはないだろう。

［表６］ MSCIジャパン・ESGインデックスとMSCIジャパン・インデックスのパフォーマンス

	2008年	2009年	2010年	2011年
MSCI Japan ESG Index	−45.1%	9.2%	−0.1%	−20.8%
MSCI Japan Index	−43.6%	7.3%	−1.2%	−20.5%
	2012年	2013年	2014年	2015年
MSCI Japan ESG Index	17.0%	53.9%	8.4%	14.1%
MSCI Japan Index	18.8%	51.9%	7.6%	13.8%

それでも「変化」の予兆に、ここぞとばかりに海外の投資家は浮き足立った。ただ、なんらかの基準がなければ、その「変化」をどう投資行動に反映するべきかがわからない。

そこで注目されたのがＭＳＣＩやＳ＆Ｐ、ブルームバーグといったインデックスやデータのプロバイダーである。彼等にはコーポレート・ガバナンスという一見得体のしれない概念を計量化するノウハウがあり、その正否は別として、少なくとも即時に使用できる尺度をもっていた。

ここでは、そのすべての尺度を網羅し検証することは不可能である。また、各組織とも類似した方法論をとっており、よってすべてを検証することは恐らく無意味であろう。

したがってここでは、コーポレート・ガバナンスとそれが相場に与える影響を理解するにあたって、代表的な概念であるＥＳＧを取り上げ、特にＭＳＣＩが作成・公表しているＭＳＣＩジャパン・ＥＳＧインデックスを中心に考察を進めることにする。

表6はMSCIジャパン・ESGインデックスとMSCIジャパン・インデックスのパフォーマンスを年毎に比較したものである。MSCIジャパン・ESGインデックスとはMSCIが独自に開発し、その数値を公表しているインデックスであり、MSCIがESGの観点からふさわしいと判断した銘柄によって構成されている。

その判断基準や、構成銘柄のリバランス等についてここでは詳しくは述べないが、ESGのEはEnvironment（環境）を意味しており、SはSocial（社会性）、そしてGはGovernance（統治）を意味していることから、その目指すところを計り知ることができるだろう。

環境の面では、文字どおり企業がいかに環境に配慮しているかが問われる。自動車メーカーならば、どれほど二酸化炭素の発生を抑えた車を開発・製造しているか、食品メーカーなら、いかに環境に優しい方法で食材を提供しているか等で篩にかけられることとなる。

社会性の面では、労働基準法にのっとった経営をしているか、あるいは社会福祉に貢献しているか等が判断基準となる。

統治の分野では、コンプライインスの徹底や、社外取締役の数、会計基準の透明度やその他のディスクロージャー等が問われることになる。

これらの基準の計量化は容易ではなく、方法論は類似しているとは言え、最終的にはそれぞれの判定機関の裁量に任されることになるので（MSCIも例外ではない）、この種の情報はあくまで参考程度と考えるのが妥当であろう。

ちなみに会計スキャンダルで信用が地に落ち、その存続すら危ぶまれている東芝は、かつて企業統治の見本のように言われ、また多くの判定機関も高い評価を与えていた。また、二〇一七年一〇月八日にデータ改ざんが発覚した神戸製鋼所は、長らくＭＳＣＩジャパン・ＥＳＧインデックスのメンバーであった。一九九七年一一月に経営破綻した山一證券が、格付会社によって破綻直前まで投資適格と判断されていた事実を彷彿とさせる事例である。

これらの要素をふまえたうえで表6に立ち返ってみると、それまで一貫性のなかったＭＳＣＩジャパン・ＥＳＧインデックスのリターンが二〇一三年以降、つまりアベノミクス導入後に連続してＭＳＣＩジャパン・インデックスのそれを上回っていることが興味深い。

言うまでもなく、このアウトパフォーマンスの背景には、日本政府主導でＥＳＧに基づいた投資を喚起したことが要因としてあげられる。前述したように、その一端として、二〇一五年にＧＰＩＦは国際的なＥＳＧ投資基準である「責任投資原則」に署名しており、それを機に多くの国内投資機関が同様の動きをみせたことがＥＳＧ企業への投資を一気に活発化させた。

問題は、はたしてこれが一時的なブームなのかという点である。実際、二〇一六年以降のＭＳＣＩジャパン・ＥＳＧインデックスのパフォーマンスには特に冴えたものがない。また、アメリカにおけるＭＳＣＩＵＳＡ・ＥＳＧインデックスが、連続的にＭＳＣＩＵＳＡ・インデックスをアウトパフォームしている事実がない反面、ヨーロッパでは逆にＥＳＧインデックスがＭＳＣＩＥＵ・インデックスをアウトパフォームする傾向がある。

日本でＥＳＧ投資が盛んに話題になっていた頃、筆者の友人であるアメリカの機関投資家にＥＳＧ投資を実践しているかと尋ねたことがあった。答えは、まったくしていないというものであり、これが一般の投資家の姿勢であれば、ＭＳＣＩＵＳＡ・ＥＳＧインデックスのパフォーマンスが日本やヨーロッパのそれと比較して冴えないのも頷けるというものである。

逆に考えれば、アメリカにおいては企業統治は成熟した既成事実であり、まだ幼少期にある日本とは性質の異なるものということなのかもしれない。

二〇一七年十月一八日付の日経新聞によると、いわゆる「ＥＳＧ投資」の投資残高は全世界で約23兆ドルあり、世界の運用資産の30％に及ぶという。何をもって「ＥＳＧ投資」と呼んでいるのかという点に疑問符がつくが、欧州の公的年金などは明らかにＥＳＧを投資基準に採用している他、日本でもその動きが活発なのは前述のとおりである。

株式投資が美人投票であるのなら、皆がＥＳＧを重視した企業にだけ投資するようになれば当然それらの企業の株価は上昇するわけで、今後もこの動きには注視しておく必要があろう。

日銀のETF買い

日銀によるETF買いは、金融緩和（市場への資金供給）の一環として二〇一〇年一二月に開始された。当初はTOPIXと日経225に連動するETFとJ-REITに購入対象は絞られていたが、二〇一七年八月現在では、対象はJPX400と「設備・人材投資に積極的に取り組んでいる企業」の株式を対象とするETFにまで拡大されている。また開始時には年間1兆円のレベルでETFの買入れをするとの方針であったが、同じく二〇一七年八月現在でその購入額は年間6兆円にまで膨張している。

日銀がETFを購入する際、例によってそのプロセスは市場へのインパクトを軽減するために何回かに分けて行われる。その実行は管理会社（信託銀行）を通じてなされ、管理会社から注文を受けた証券会社がETFの構成銘柄を市場から調達し、それを管理会社経由でETFに交換（ETFの設定）することで成立する。

したがってこのメカニズムによって、日銀のETF買いからは単に資金の市場への供給だけではなく、実際にETF構成銘柄が買われることによる市場の押し上げ効果も期待できるのである。

正式な発表にはなかったが、当初の日銀のアプローチはTOPIXの前場のパフォーマンスが前日の引けレベルを1％以上下回った場合にのみETFを購入（あるいは設定）するというものであった。この暗黙のルールはその後撤回され、二〇一七年八月現在は単にTOPIXの前場のパフォーマンスが前日の引けレベルに比してマイナスであった場合にETFが買われているようである。

それでは日銀のETF買いを利用して利益をあげることができるのであろうか。日銀のETF買いがTOPIX下落時の午後に実施されることをふまえれば、日経225やTOPIXの先物やETFを前場の引けで買い、後場の引けで売ることによって利益をあげることができそうである。

しかし、二〇一一年の四月に行った検証では勝率こそ56％であったが、平均リターンはマイナスになっており、このストラテジーが必ずしも有効ではないことを示す結果となった。

J-REITの場合には、全体の市場流動性が低いことから日銀の買い入れがJ-REIT指数を押し上げる効果が観測されたが、残念なことにJ-REIT購入のタイミングに明確なルールはなく、いつ日銀の買いが入るのかが不明であるために、この効果を利用することはむずかしいと判断せざるをえなかった。

一方、二〇一六年四月の検証では、日銀のETF買いが前場引けから後場の引けまでに及ぼすプラスの影響が観測された。これには恐らくETF購入額の拡大が寄与したものと思われる。しかし、平均的にはそのリターンは大きくはなく、この現象が実際の取引に利用できるかは疑問であった。

日銀のＥＴＦ買いに関しては最後のトピックとなるが、二〇一六年七月に日銀がＥＴＦ購入額を年間6兆円に拡大した際、日本株は買いだという論調が一時市場を席巻した。「外国人が6兆円規模で市場を買い越した時には、日本株は大幅高になった。日銀が6兆円規模でＥＴＦを買えば、同様のことが起きる」というのがその議論の筋道である。

実際の相場をみれば、この議論が誤りであったことが明らかであろう。日銀の政策発表後、市場はほぼ横ばいで推移し、その上昇はいわゆるトランプ相場を待たなければならなかったのである。

この議論の間違いは、購入者がどのような目的で株式を買っているのかを理解しなかったことにある。外国人投資家が大挙して株を購入する場合、相場の上昇を見越して株を買い上げることが多い。つまり価格を釣り上げる動きをする。

日銀のＥＴＦ買いは、前述したように相場の下落時にそれをサポートする動きである。この動きに株価を釣り上げる効果はなく、したがって相場が上昇する道理はないのである。

マイナス金利政策

日銀が二〇一六年二月に導入した「マイナス金利政策」に関しては、前代未聞の事例であり、その事例を考察することが将来の株式投資にどれほど役立つかは現時点でも未知数である。

その影響については、多くの分析がされ、また報道機関による憶測記事も後を絶たなかったが、結果としてそれらの分析の正否についても判断はむずかしい。そうは言っても、マイナス金利を導入するということは、歴史的な大事件であり、アベノミクスの重要な要素の一つとして言及を避けるわけにはいかないであろう。ここではマイナス金利政策導入前後の相場環境といくつかの分析を紹介してみたい。

マイナス金利政策とは文字どおり中央銀行が設定する政策金利を0％未満にすることであるが、一般的には民間の銀行が中央銀行に当座預金として預けている資金に付与される金利をマイナスにすることを言う。二〇一六年二月の日銀マイナス金利政策では、金融機関の経営に配慮し、当座預金の一部にマイナス金利を課するとした。

金利がマイナスになれば、預けているだけ金利を預け先に払う必要性が出てくるため、民間銀行は中央銀行からその資金を引き上げ、企業への融資や投資等に回すだろうという発想がその背景にある。言うまでもなく景気浮揚に向けた金融緩和政策の一環であるが、日銀が二〇一六年二月をその導入時期に選んだ理由は、恐らく二〇一五年八月から始まった中国株式市場の暴落と、それに連鎖した世界経済の急激な冷却、そして機を誤ったと思われるアメリカ中央銀行（FED）による一二月の利上げであろう。

それまでゼロ金利政策を継投し、大規模な量的緩和を二度にわたって実施した日銀が満を持して発表したマイナス金利導入は市場にはサプライズとして受け止められたが、同時に日銀にはもうデフレ対策として打つ手がないのではないかとの憶測から、株式市場は大きく売られる結果となった。

無論、政策金利を動かすのであるから、それが国債に与えた影響も甚大であった。国債の金利はその償還期によってさまざまであり、短期金利から長期金利までの金利の分布をイールド・カーブと呼ぶが、それが二〇一六年四月には短期債から一〇年債まで0％未満に下落したのもこの政策の影響である。

日銀が民間銀行の当座預金の一部にマイナス金利を付与したことが、なぜ国債利回りの下落につながるのか不思議に思われる向きもあろう。理由は国債の利回りと価格は反比例しているので、利回りが下落するということは国債が買われているからである。つまり、日銀の口座に資金を置いたままにして日銀に金利を払うよりは、その資金で国債を買ったほうが得であるというロジックが働いたために国債の利回りが下落することになった。

日銀が当初課したマイナス金利はマイナス0・1％であった。これは民間銀行が当座預金の一部に対して0・1％の金利を日銀に支払わなければならないということを意味していた。そうであれば、たとえ国債の利回りが0％であっても、あるいはそれ未満のマイナスであっても、マイナス0・1％までであれば、国債に投資したほうが得であるという計算になる。

ここからもわかるように「日銀にはもうデフレ対策として打つ手がないのではないかとの憶測から」株式市場が売られたと述べたが、実は事態はそれほど単純ではなかった。日本の金融市場の根幹をなす銀行株と生保株が特に大きく売られたからである。

銀行の伝統的かつ重要な収入源の一つに長期金利と短期金利の差があげられる。民間からの普通預金や定期預金を通じて安く資金を借り、それを国債で運用することによって預金利回りと国債利回りの間の金利差（スプレッド）をとるビジネス・モデルである。それが国債利回りの低下によって機能不全に陥るという懸念から、銀行株が大きく売られる展開となったわけである。

一方、生命保険会社は保険加入者と長期の契約を結び、支払われた保険料を元手に国債投資をしているわけで、こちらも国債の利回り低下がそのまま利益の低下を意味していた。銀行株と生保株が暴落した理由がここにあり、それが連鎖的に株式市場全体を引き摺り下ろしたという局面があったのである。

日銀によるマイナス金利の導入が、デフレ対策の最後の手段のように受け止められ、それが株式市場にネガティブに作用したことは否めないだろう。しかし、マイナス金利政策には実は先駆者がおり、それは二〇一二年のデンマーク中央銀行であり、二〇一四年のＥＣＢやスイス中央銀行であり、また二〇一五年のスウェーデン中央銀行でもあった。

日銀がこれらの前例の効果を知らなかったわけはなく、むしろ、その結果を熟慮したうえでマイナス金利導入に踏み込んだと考えるのが自然であろう。それでは、その「結果」とはどういうものであったのだろうか。

これはある意味「現在進行形」であり、またそのすべてを網羅することはこの書物の意図するところではないが、少なくとも長期金利に関しては、前述の国家とユーロ圏でマイナス金利導入後に一様に下落していることがみてとれる。

ヨーロッパにおけるマイナス金利導入は、実は二〇〇八年のリーマン・ショックとその後に起きたユーロ危機に対応すべく実施された政策であり、危機にあっては国債が買われるのが定石であるので、マイナス金利ばかりが国債利回り下落の犯人ではないが、その導入時期と利回りの下落をみるとタイミング的にほぼ一致しており、やはりマイナス金利がなんらかの影響を及ぼしたという結論が導き出せるであろう。

株式市場に関しては、二〇〇九年以降の世界的な株式市場の回復や二〇一五年一月のＥＣＢの量的緩和がマイナス金利の影響をみえづらくしている。ただ、デンマークのＫＡＸインデックスだけは、そのアウトパフォーマンスが突出しており、またタイミング的にも上昇がマイナス金利導入の直後から始まっていることから、マイナス金利が直接的に働いたと解釈することもできよう。

しかし、より詳細にみると、KAXインデックスの約30％をノボ・ノルディクスという医療・薬品会社が占めていることがわかる。そしてこの会社はこの数年で他を圧倒する業績の伸びをみせており、株価もそれにのっとって急伸しているのである。

為替に関しては、他の要因もあるが二〇一四年六月にECBが一部にマイナス金利を導入した直後からユーロの弱体化が顕著になっており、やはりなんらかの影響があったと判断するのが妥当と思われる。

インフレ率については、各国そしてユーロ圏ともにマイナス金利の影響をはっきりみることは困難である。やはり、リーマン・ショック以降、あるいはECBの量的緩和以降の全体的な株式市場の回復や経済の回復がインフレ率を上昇させたと考えたほうが自然であろう。

最後に住宅市場であるが、マイナス金利がより高い金利の金融商品へと資金の移動を促し、それがより魅力的な住宅ローンへとつながり、住宅市場が活況化するというシナリオが描けるわけで、それが功を奏したと言われるのがスウェーデンの住宅市場である。しかし、日本とスウェーデンの最大の違いは、スウェーデンは当時大量の移民を受け入れており、人口の急激な増加が、活発な住宅市場に寄与した点であろう。日本の閉鎖的な移民政策を考えると、マイナス金利が住宅市場に及ぼす影響は都市部の一角を除いては限定的と思われた。

日銀がマイナス金利を導入した動機は、企業や個人の消費や投資行動に変化を促すためだと一般的に解釈されている。事実、マイナス金利に誘引された長期金利の大幅な下落は、住宅ローン金利やアパート・ローン金利の下落を促した一方、リターンが国債に連動するMMFのような投資信託の運用が停止されるといった影響も散見されるようになった。

住宅ローン金利の下落は、一部の地域で住宅着工を活発化させたが、むしろ大きな伸びをみせたのが、アパート・ローンを利用して安易に建てられた賃貸住宅であり、これは一種のバブルとしてマスコミにも注目された現象である。賃貸住宅の乱立という好ましからざる影響を与えたマイナス金利政策であるが、それが企業の設備投資や個人の株式市場への参加を促したかということについては、疑問符が残る。

企業による設備投資の増減を過去にさかのぼってみると、それがTOPIXの動きに連動していることがわかる。設備投資が経済に与える影響は後になってわかることであるから、設備投資の増加がTOPIXの上昇を促したのではなく、TOPIXの上昇で企業が設備投資を活発化させたと考えるべきであろう。

第一章の「OECD CLI」の項で説明したように、中長期的にTOPIXはグローバル経済に連動する。換言すれば、ＴＯＰＩＸはグローバル経済のメジャーであり、それに反応して企業が設備投資を増減させるということはなんら不思議ではない。これは金利の影響が二次的であり、金利自体が企業の設備投資にとってさほど重要な要素ではないことを物語っている。

一方、個人の消費や投資行動に与える影響はどうであろうか。内閣府が発表している経済指標の一つに消費者態度指数という指数がある。アメリカのそれと同様、消費者のマインドを計る指標であるが、これも歴史的にはＴＯＰＩＸとの高い相関をみせているのである。

二〇一五年三月時点での日本の個人が所有する金融資産は１７００兆円あり、その内訳は８８０兆円が預金や債券、１７０兆円が株式となっている。この統計から株式市場が上昇すれば、個人の消費欲が掻き立てられるという理屈も頷ける。

また、実際に個人の投資行動が変化し、８８０兆円の5％でも株式投資へと向かえば、44兆円が株式市場に流れ込むことになり、これはＧＰＩＦの資産配分見直しをはるかに超えるインパクトを株式市場に与えることになるであろう。二〇一七年八月現在、マイナス金利政策がそのような投資行動の変化を生成させた証拠はない。

消費増税の影響

消費増税その他の増税は一般的に経済にネガティブであり、したがって株式市場に対してもネガティブな影響があると言われている。しかし、日本における消費増税に関しては、過去にそれほど例があるわけではなく、限られたサンプルで結論を導き出すのはいささか乱暴であるように思われる。

よく引き合いに出されるのが一九九七年四月一日に当時の橋本龍太郎内閣が決行した消費増税の引上げ（3％から5％）である。日本株市場は消費増税後も七月まで上昇基調をとどめるが、その後に大きく下落、以後一九九八年末まで低迷を続けることとなる。

この株式市場の低迷の原因を消費増税に帰するのは恐らく間違いであろう。なぜなら一九九七年七月に勃発したアジア通貨危機のほうがはるかにインパクトが大きかったと考えるのが自然だからである。事実、この時の日本株市場の動きをみると、アメリカのS&P500の動きに連動しているのがわかる。

消費増税が景気や株式市場にまったく影響がなかったと言うつもりはない。実際、消費増税のために国内の消費が一時的に落ち込んだことも観測されている。しかし、一般的に言われている消費増税悪玉論が本当なのかどうかには懐疑的にならざるをえない。要因としては前述した一九九七年のアジア通貨危機、そしてそれに誘発された一九九八年のロシア通貨危機とLTCMの破綻が日本の金融危機へと波及したことのほうが重要であることが明らかだからである。

第一回目の消費増税は一九八九年四月のことであり、日本株市場はバブルの真っ只中ということもあってさほど参考にはならないであろう。それでは二〇一四年四月の消費増税はどうであろうか。この時の日本株市場は増税後数日間上昇した後に下落に転じ、再び上昇気流に乗ったのが五月の中旬からである。

その経緯は「第二次アベノミクス相場」の項で記述しているのでここで反復することは避けるが、基本的に日本株相場はこの時もＳ＆Ｐ５００に連動した動きをしており、ニュースとしての消費増税がある程度の影響を及ぼしたとしても、消費増税自体が、増税以降の日本経済や株式市場全体に特に大きな影を落としたようにはみえない。

ここまでの観察から、過去の消費増税が日本株市場に与えた影響は限られていたように思える。日本経済が内需よりもグローバル経済により依存していると考えれば、これは不思議ではないだろうが、より細部を注視すると、消費増税がセクター・パフォーマンスに与えている影響が若干ではあるがみえてくる。

一九八九年、一九九七年、そして二〇一四年の消費増税後のＴＯＰＩＸ33セクター別指数の動きをみてみると、一貫して堅調なのは食料品や医薬品、サービス業、小売業、そして電気機器と、いずれも消費増税が影響を与えそうな業種である。

これらの業種が堅調な理由としては、少なくとも消費増税が結果として懸念されたほど消費者の行動や企業業績に影響を及ぼしておらず、その安心感から買われているという可能性が指摘できよう。

FED

アメリカ中央銀行は連邦準備制度（ＦＲＳ）であり、その理事会（ＦＲＢ）とともに、俗にＦＥＤと呼ばれるが、そのアメリカの諺に「ＦＥＤとは闘うな」というものがある。ＦＥＤの政策には従えという意味であるが、具体的にそれが何を意味するのかは別にして、これは、とりもなおさず中央銀行の政策の重要性を指摘した諺である。

中央銀行の役割は、簡単に言えば経済を安定化することで、その道具として使われるのが政策金利であり、量的緩和（あるいはその逆）と呼ばれるものである。政策金利とは、この場合、民間銀行への資金の貸し手である中央銀行が借り手に課する短期金利のことを指し、量的緩和とは資金を市中に供給するために国債を買い取り、長期金利を誘導することを指す。国債の価格と利回りは反比例するため、国債を買って（需要を増やして）価格を押し上げれば、長期金利が下落して景気を刺激することが可能になるわけである。

経済が過熱気味になり、インフレ率が上がってくれば、インフレを抑えるために中央銀行は短期金利を押し上げて景気沈下を図る。逆に、デフレになる可能性が出てくれば、短期金利を下げ、それでも足りないと判断すれば長期金利の下落を誘導し、景気の上昇を目論むわけである。

ＦＥＤの政策がアメリカの株式に与える影響が大きいことは当然であるが、日本株に与える影響も甚大である。ただ、その甚大である影響を、どう利用して株式投資をするかという点については、判断がむずかしい。

教科書どおりであれば、中央銀行の利上げは、過熱している、あるいは過熱すると懸念される経済にブレーキをかけるために行われるわけであるから、株式市場にはネガティブに働くはずである。利下げは逆に、減速している、あるいは減速すると予想される経済をサポートするために実施されるので、株式にはポジティブに作用することになる。

問題は実際に相場が教科書どおりに動くこともあるが、そうならない例も多くみられるということである。本章「為替と日本株市場」の項で述べるように、日本株は特にリーマン・ショック以降、為替に敏感に反応するようになった。理由としては日銀が及び腰であった時にＦＥＤが積極的に金融緩和を実施したために、日米の金利差が縮まり、為替が円高に動いたからである。

言うまでもなく、為替を左右する重要な要素の一つに、国家間の金利差がある。つまりアメリカが利上げに動き、日本が何もしなければ、アメリカの金利が対日本で上昇することになるから、これはドル買い円売り（円安）の原因となりうる。前述したように、円安は一般的に日本株にプラスとなるから、ＦＥＤが利上げをして経済をクール・ダウンしようとしているにもかかわらず、日本株が上昇することになるのである。ただ、この現象については、以下の注釈が必要である。

ＦＥＤが利上げするのは、景気が良くなりつつある、あるいは景気が強いと判断するからである。結果として景気が良くなると予想されるか、あるいは実際に良くなっていれば、円キャリー・トレードが活発になる。円キャリー・トレードとは、金利の安い円を借りて、それを売って外貨に替え、投資することを言う。つまり円が売られ、円安になる要因となる。また景気が良くなる、あるいは良くなっていると判断した株式投資家は、株を買う。特に世界景気に敏感な日本株は、他の先進国に先んじて買われることになる。

つまり、円安と株高が同時に起きているわけで、どちらが先とも言いがたいことがままあるのである。実は円安で株が上昇しているわけではないのに、円安が原因であるように言われる理由がここにある。しかし、これも１００％のシナリオではない。前述したように、円安・株高の構図には、明らかに円安方向に動いているから、あるいは円安になると予想されるから日本株に投資するという投資家の動向も寄与しているからである。

いずれにせよ、ＦＥＤの利上げが円安と株高につながるのであれば、こんなに簡単な処方箋はない。実際ははるかに複雑である。

医者が症例をもとに病状を判断するように、ストラテジストは歴史を知って相場の現状や今後を判断すると書いたが、ＦＥＤの政策が日本株市場にどういう影響を与えるのかを判断するむず

[表7] アメリカの利上げ局面における経済状況

	実質GDP	名目GDP	耐久財受注増加率	鉱工業生産増加率	SPX EPS伸率	ISMPMI
1994年2月	2.60%	5.00%	6.80%	3.07%	16.84%	56.50
1997年3月	4.60%	6.40%	2.40%	7.30%	11.53%	53.80
1999年6月	4.60%	6.30%	5.50%	4.38%	5.66%	55.80
2004年6月	4.20%	7.10%	7.30%	2.25%	26.11%	60.50
2015年12月	2.40%	1.70%	1.70%	4.82%	4.00%	52.90

かしさの理由の一つが「症例」の少なさであり、もう一つがそのパターンの多様性である。

表7は一九九〇年にさかのぼり、二〇一五年一二月時点で過去に五回あった最初のFEDの利上げがあった月と、その時のアメリカの経済状況およびS&P500のEPS伸率を表している。実質GDP、名目GDP、耐久財受注増加率、鉱工業生産増加率、SPX EPS伸率はいずれも年次変化率を示している。「最初の利上げ」とは、それまで利下げを続けていたか、一定の利率を長期にわたって保っていたFEDが、最初に利上げに踏み切った時のことである。

一目でわかることは、二〇一五年の一二月は見劣りするが、いずれの場合もアメリカ経済がきわめて良好であったということである。ただ、最初の利上げ後のパターンは一様ではない。

一九九四年二月の最初の利上げの後、FEDは一九九五年二月まで六回利上げを続けたが、一九九七年の利上げは三月の一度だけである。一九九九年六月の利上げ以降は、良好な経済状態とインターネット・バブルを背景に、ＦＥＤは二〇〇〇年五月まで五回の利上げを敢行している。一方、二〇〇四年六月に開始された利上げは、その後二年間で一六回に及んでいる。

当然のことであるが、中央銀行の利上げは、経済状態に鑑みて行われるものであり、投資家も利上げの影響と経済状態を天秤にかけながら投資行動を起こす。ＦＥＤの利上げの影響の判断、予想がむずかしい理由がここにある。

少ない「症例」をもとに、あえて大まかな影響を述べるとすれば、最初のＦＥＤの利上げに向かって、相場は強く推移する。経済状態が良好であるから利上げするわけであるから、株式相場が強いのは理にかなうわけである。そして利上げ後は、一般的に相場が弱含む傾向になる。経済にブレーキをかけるために利上げをするわけであるから、株式市場にもブレーキがかかるわけである。

日本株市場の特色としては、ＦＥＤの利上げ局面でそのパフォーマンスが優れているという点があげられるかもしれない。ＭＳＣＩはさまざまなインデックスを提供していることで知られる組織であるが、そのインデックスに新興国インデックスと先進国インデックスというものがある。過去のＦＥＤの利上げ局面では、一貫して新興国インデックスが先進国インデックスをアウトパフォームしているが、その先進国にあって日本は例外的に半々の割合で新興国をアウトパフォームしているのである。これには為替の影響が大きいことが指摘できるが、ことＦＥＤの利上げに関しては、日本株市場はいまだ新興国市場であると言えそうである。

このような一般論はしかし、いささか乱暴かもしれない。一九九九年の場合は、インターネット・バブルの影響で、最初の利上げ後も株式市場は熱狂的な上昇を続けたし、二〇〇四年の場合も、利上げが連続して行われたにもかかわらず、二〇〇五年の中盤から翌年同時期まで驚異的な上昇を記録している。

逆に、二〇一五年一二月の利上げの後には、翌年一月に相場は暴落状態となった。ちなみに、表7から読み取れるように、二〇一五年一二月のアメリカ経済は他の利上げ期に比較して格段に悪く、そのような時の利上げが相場に悪影響を及ぼすことはある程度予想のできるものであった。

問題は経済の実体と、FEDが理解する経済の実体に乖離が生じているかどうかである。もちろん、経済の実体といっても何を基準にするかによって差異が生じる。仮にここで何度も言及しているOECD CLIをして経済の実体とし、この指数が下落している時、つまり経済が悪化している時にFEDが利上げを実施したらどうなったかをみてみよう。

実はそのような例が、過去二五年間で四度ある。一度目は一九九四年八月から一九九五年六月にかけて、二度目は一九九九年一一月から二〇〇〇年一二月まで、三度目は二〇〇四年六月から二〇〇五年四月まで、そして四度目が二〇一五年一二月から翌年一月までである。

一度目にＴＯＰＩＸは27％下落、二度目の時には22％下落、三度目は５％の下落にとどまったが、四度目には二カ月で７・５％の下落となっている。これについては経済状態の悪化とＦＥＤの利上げがダブル・パンチとなって市場を襲ったと理解するのが妥当であろう。

為替と日本株市場

日々の日本株市場の動きをみていれば、その為替との関連性の高さに疑いの余地はない。円高になれば日経平均が下落し、円安になれば上昇するという現象は、短期的にも中長期的にも目にする光景である。

為替の方向性がわかれば株式投資も成功すると言えるかもしれないが、為替の方向性がわかるのであれば、何も株式に投資する必要はない。初めから為替先物に投資して為替で儲ければ良いのである。

もちろん機関投資家は株にしか投資できない場合もあるので、為替を知ることは重要であろう。しかし、これも「言うは易く行うは難し」である。まず、為替の動向を当てるのは時に専門家でもむずかしいことである。次に為替と株式の相関は、相関を測る期間によって相違することが多く、また突如として相関が低下することもまれではない。したがって為替ばかりをみて株式の投資判断を下すことは場合によって危険な賭けになる。

日米間のドル・円相場に限ってみると、長期的には両国家の金融政策に大きく依存しているのがわかる。「アベノミクス」の項で言及したように特にマネタリー・ベースの伸び率とドル・円相場の動向は密接に関係している。これはマネタリー・ベースの伸び率がインフレ率と密接に関係していると言うに等しく、まさに教科書どおりの現象である。

ただ、これも例によって100％というわけにはいかない。ドル・円相場は二〇〇五年から二〇〇六年にかけて大きく円安に動いたが、この時のマネタリー・ベースの伸び率はアメリカのそれが日本を凌駕しており、それだけが要因であれば円高に動くべき事象であった。これに反して為替が円安に動いた理由の一つはFEDによる利上げである。

インターネット・バブル崩壊の余波でボロボロになった世界経済は二〇〇四年から回復の兆しをみせ始め（OECD CLIはほぼ一貫してマイナス圏にあったが）、インフレ・リスクを心配したFEDは、二〇〇四年六月から利上げを開始する。

その後、景気回復に拍車がかかるに連れて利上げのペースは速まり、二〇〇六年六月まで実に一七回の利上げを敢行する。結果として政策金利（FFR）は1％から5・25％まで引き上げられ、その間にドル・円は約20％の円安となる。この時、日経平均は二〇〇四年一〇月にこの期間のボトムをつけ、二〇〇六年四月にピークを迎えるが、その上昇率は65％となり、これを当時の小泉純一郎首相になぞらえて小泉相場と呼ぶ。

その名が示すとおり、小泉相場を単に円安の影響で片づけるのは恐らく正しくない。「アベノミクス」の項で説明したように、G7経済は二〇〇五年五月から回復基調に入っており、これに株式市場が呼応したであろうことは容易に想像がつく。また、周知のとおり小泉首相は「改革」を旗印に政権を運営した人物であり、当時の評価は外国人投資家の間でも高かった。

前項で記したように、円安が日本株市場の上昇を促すのか、株式の上昇が為替を円安へと導くのかは、実は常に議論の的となるテーマである。正解は恐らくその両方であり、時と場合によるのである。

投資家のリスク許容度が上がることをリスク・オンと呼ぶが、リスク・オンになれば投資家の資金が債券からよりリスクの高い株式に流れるのは自明のことである。同様にリスク・オンの時には円が売られる傾向となる。

なぜリスク・オンだと円が売られるのかは、円売りの歴史をみれば明らかである。九〇年代以降に的を絞れば、まず円売りの原動力となったのはヘッジ・ファンドその他による円キャリー・トレードであった。前述したように、これは金利の低い円を借り、それを売って外貨に換え、より金利の高い外貨資産に投資するというものである。

さらに円売りの原因となったのが個人投資家その他による、これも金利差をねらった外貨投資への動きである。いずれのトレードも為替を取り囲む環境が安定していると判断して実行されるものであり、換言すればある程度安心してリスクがとれる環境（リスク・オン）だからである。世界経済が停滞したり、どこかの国の財政が破綻したりすれば、この「安心」が揺らぐことになる。つまりリスク・オフとなり、それまで積み上がっていたリスク・オン取引が急激な巻き戻しを食らうこととなる。これがリスク・オフの時に円高に動くメカニズムである。

また、日本株に投資する海外の投資家が、為替ヘッジのために円を売るという動きも円安に寄与している可能性がある。日本株が上昇し、手持ちのポートフォリオの時価総額が増えれば為替リスクも増大するわけで、そのリスクのヘッジのために円を売るという構図である。

ちなみに、筆者が勤めていたアメリカの年金基金では、為替ヘッジはまったく行っていなかった。これには為替トレーダーの不在や、事務処理能力の欠如といった実務的な理由もあったが、歴史的にみれば日本株市場の上昇率が対ドルでの円の下落率を凌駕するのが普通であり、余分なコストをかけて為替をヘッジする必要性を感じていなかったというのが事実である。他の年金基金や小規模なヘッジ・ファンド等もおそらく同様ではないだろうか。

もちろんこれだけが為替を動かしているわけではない。このような動きを理解したうえで利益をあげようとする投機筋が円売りや円買いを仕掛けることもあるだろうし、また、欧州の政局が不安定化し、ユーロ危機が叫ばれた時には、安定通貨である円や米ドルが買われるという現象が起きていた。

日本はとうの昔に輸出国家ではなくなり、GDPの大半は内需であるとはよく言われることである。しかし、円安になれば株価が上がるという構図は、二〇〇〇年代中盤からあまり変わってはいないし、今後もこの相関を信じて投資行動をとる投資家が大勢を占める限り変わらないであろう。

為替の日々の動きを予測することは株式市場の日々の動きを予想するのと同等にむずかしい。後に第四章「相場の頂点とどん底」で触れるが、デイトレーダーと呼ばれる個人投資家のなかには、チャートを駆使して超短期のFX取引や個別株取引である程度の成功を収めている人々が存在している。しかし、常勝であれば彼等はとっくに世界一の富豪になっているはずである。そうでないところから判断すると、彼等の方法論にもやはり限界があるのだろう。

いずれにせよ、筆者には超短期シグナルを用いて利益をあげられるような技術も知識もない。したがってここでは、為替の中長期的な予想ができた場合にどのような株を買えばいいのかを議論するにとどめておく。

為替が円安に動くと予想した場合、投資家が真っ先にねらうのが輸出で儲けている、あるいは海外で事業を展開し利益をあげている企業である。円安になれば輸出企業の製品の競争力が増すばかりでなく、ドル建てで利益が出ていれば、その稼ぎを円に転換した時点で為替ヘッジをしていない限り、円安となれば利益が嵩上げされるからである。

実はこれらの企業の存在が日本を経常黒字国家にしており、稼いだ外貨を売って円に換えるプロセスが恒常的な円高傾向と関連しているのであるが、これらの企業の多くは、為替が業績に与える影響を数値化して公表している。また、業績予想の前提となっている為替レートも公表している場合が多いので、もしその前提より円安に動くと予想されれば、業績も当然上振れる可能性が高くなるわけである。

これらの企業は自動車や自動車部品、精密機器、電化製品といったセクターに代表されるが、海外で事業を展開しその利益の多くを海外市場から得ている企業は薬品や食品、化学製品といったセクター内にも多いのでそれぞれを個別に吟味する必要がある。

要注意なのは、輸出企業や海外で事業を展開している企業に特化して株式を購入すると為替が円安に動いても相場全体をアンダーパフォームしてしまう可能性があるということである。その理由は前述したように、円安はリスク・オン現象であり、リスク・オンの時は輸出企業や海外展開企業ばかりではなく、いわゆる景気敏感銘柄が買われるからである。

景気敏感銘柄には内需株も多く含まれ、不動産や銀行、証券会社や保険会社、鉄道銘柄さえも景気上昇時には高騰することが多い。特に円安時の証券株の上昇は特筆されるべきものであろう。

円安の際にどの銘柄が上昇するか、あるいは上昇しやすいかを調べるにはドル・円レートと株価のリターンの相関係数を計算するのが手っ取り早い。この時、相関係数はリターンが計算される期間と、相関係数が計算される期間の両方に依存する。経験則だと三日から五日リターンを使い、一年から二年くらいの期間で相関係数を計算するのが理想的なようである。

このほかに、リスク・オンの時には先物主導で株式指数自体が買われることにも留意する必要がある。日経平均が買われれば、日経平均に組み込まれている銘柄が上昇する。この場合、指数内にあってその比重が高い銘柄などが急騰することになる。現在の日経225であれば、ファーストリテイリングやソフトバンクなどがそれに当たる。

ここまでの議論をまとめれば、リスク・オンは円安・株高を誘発することになり、リスク・オフはその逆となるが、リスク・オンの時に買うべき銘柄は、円安が業績に直接プラスに働く銘柄だけではなく、景気敏感銘柄や、株式指数内でのウェイトの高い銘柄であるということになる。

アメリカ大統領選挙

言うまでもなく、世界経済に占めるアメリカのウェイトは高く、アメリカと貿易関係を結んでいる国々も多いわけで、アメリカ経済の浮沈は、そのままグローバル経済の浮沈へとつながることになる。株式市場は経済と人間心理の鏡であるから、景気が悪くなれば概して株式市場は下落し、良くなれば上昇する。経済状態を度外視して上昇するような株式市場はバブルという結論に達することも納得できよう。

経済状態を最も簡単に把握させてくれるのがGDP（国内総生産）である。GDPの増加率が、そのままその国の経済成長率ということになる。GDPにはいくつかの定義があるが、それは考え方の相違であって、その定義のすべてが同等である。基本的に、GDPは消費＋投資＋政府支出＋輸出（ネット）と考えれば良い。

国家の政策によって、その国のGDPが大きく左右されることがこの式からわかるだろう。「消費増税の影響」の項では、過去の消費増税が中長期的に悪影響を及ぼしたという明白な証拠はないと述べたが、少なくとも一時的には消費が落ち込む可能性は否定できないだろうし、投資や輸出入は金融政策や税制に強い影響を受ける。政府支出に関しては言わずもがなである。

誰が国のリーダーになり、どんな政策を提案、実行するかによって国の経済の方向性が変わってくるわけであるから、アメリカの大統領が特に重要なポストであることは明らかだろう。それでは、アメリカ大統領選挙は株式市場にどのような影響があるのであろうか。

その答えは当然ではあるが、誰がどんな政策を掲げて大統領になるかに依存しているように思える。それでは毎回誰が大統領になり、その大統領がどんな公約をしているかを知れば、日本株市場の方向性がわかるのだろうか。

そこまで考えるのであれば、その政策の実行性を吟味することが必要になる。そして実行性を吟味するには、どの党が上院や下院のマジョリティを握っているか、ひいては、誰が上院議長で、誰が下院議長なのか、その議長たちや、有力議員は大統領の政策に賛成するのか、反対するのかといった諸々の事項を精査する必要があろう。

それればかりか、仮に法案がすんなり議会を通過し、大統領がサインするとして、その法案が経済に影響を与えるにはどれくらいの時間が必要なのかといった、考えても簡単に答えの出ない事項は多岐に及ぶはずである。これらの考察は、一見有意義なように思える。しかし、考察に費やされる膨大なエネルギーと時間を天秤にかければ、そのほとんどが冒頭で述べたノイズに分類されるものではないだろうか。

こんなことを考えているうちに、株式市場は他の要因で動き出す。考察の結果が有意と思えても、それを投資行動に移す間に、その有意性が失われてしまう可能性も大である。

例をあげればＴＰＰである。ＴＰＰについてはニュース等でよく取り上げられるので、その内容までは知らなくとも、だいたいの知識をもっている読者もいると思う。ＴＰＰは環太平洋自由貿易協定と訳されているもので、読んで字のごとく、太平洋をぐるりと囲む国家を中心に、締結が期待される自由貿易協定である。

この協定に関しては、国内外から反対の声もあり、紆余曲折あって漸く二〇一五年十月二〇日に内閣府によってその概要が発表された。アメリカをはじめ、カナダ、オーストラリア、日本といった国々が、鉱工業製品や農産物の関税の減額や撤廃、金融商品の自由化などを目指しての合意は、画期的なものであり、当時の市場参加者の間で大きな話題となったものである。

ただ、これを材料に株式売買を行うことがはたして賢明であったのかという点にはかなりの疑問が残る。合意したとは言え、それは国家間の合意であって、政策担当者がそれぞれの国に持ち帰り、議会の承認を得る必要があったというのは第一の問題点である。さらに、それらの政策の実行には数年、あるいは一〇年単位の時間がかかるということで、その実行の効果の透明性もきわめて低かった。

そうは言っても株式市場は賭博場であり、多くの参加者があるテーマに固執して株を買えば、その株は上昇する。その意味で、話題性のあったTPPに飛びついたことがまったく無意味であったと言うつもりはないし、実際にそのストラテジーで利益をあげた投資家もいるだろう。ただ、そのテーマの背後にある論理がいかに脆弱なものかは、前述したとおりである。

TPPに関しては、トランプ大統領のことに触れないわけにはいかないだろう。周知のとおり、ドナルド・トランプ氏は、選挙戦の最中からアメリカに不利益を及ぼすとしてTPP反対を表明しており、大統領に選任されてからは、間髪を入れずにTPP合意を反故にしている。長期的な視野でTPP関連銘柄を買った投資家は痛手を被ったことになりそうだが、実はTPP関連銘柄は、トランプ氏が大統領に選任された時点（日本時間の二〇一六年一一月九日）から急騰しているのである。

なぜこのようなことが起きるのだろうか。それはＴＰＰ関連銘柄の多くが景気敏感銘柄であったことに起因する。

ドナルド・トランプは、アメリカのインフラ整備に巨額の資金を注入することと減税を中心とした大規模な規制緩和を公約にして当選した人物である。これに日本の景気敏感銘柄が反応しないわけがない。これらの株式は、翌年三月一三日にＴＯＰＩＸが一時的なピークを記録するまで上昇を続けることになるが、上昇率の上位にくる第一生命やその他の保険会社、ＪＦＥといった鉄鋼会社をみれば、トランプ政策に対する期待は一目瞭然である。

話が長くなったが、一般的に大統領が選挙公約として掲げる政策も、これに似たところがある。つまり、実行性がはっきりしないテーマであり、そのテーマにのっとって一定の株式が上昇することもあるだろうが、長続きしない場合がほとんどだということだ。

ドナルド・トランプは過激な政策を提唱してアメリカ大統領になった人物である。これに反して、歴代大統領の政策はそれが経済的なものであろうと社会的なものであろうと、より中道を行く場合が多い。大統領は何よりも国家の安定を求めるからである。

ただ、すべての大統領に共通する点は、それぞれがアメリカ経済の発展を目論んだ経済政策を公約して当選を果たすということである。前述したように、その政策が成功するかどうかは未知

［図5］　アメリカ大統領選挙とG7 OECD CLI
（12カ月移動平均からの乖離）

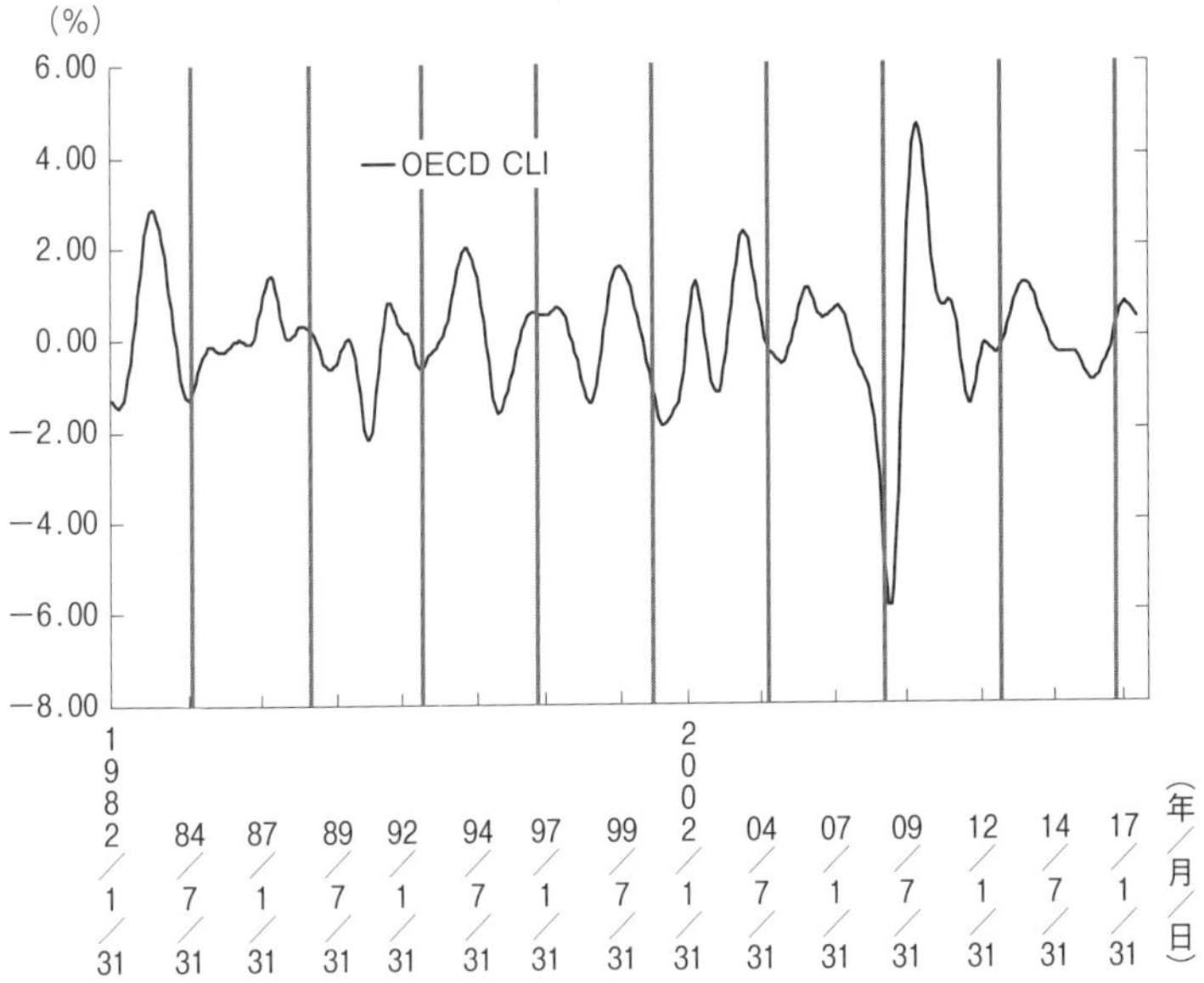

数である。歴史をみると次期大統領の選任と同時に、株式市場が高騰するという現象は、トランプ大統領の場合がむしろ例外であり、ほとんどの場合、株式市場の反応は鈍い。

　より長期的にみるとどうであろうか。それにはG7 OECD CLIとの関連性をみるのが手っ取り早いであろう。図5からわかるように（縦線が大統領選挙当日）、多くの場合、アメリカ大統領選挙を契機に、あるいはそれに若干遅れて、CLIの上昇が起きているのである。

OECD CLIとTOPIX

の高い相関から、日本株市場にもアメリカ大統領選挙が、ある程度時間を置いてポジティブに作用することがわかるであろう。

トランプ大統領誕生の時のように、政策期待から即座に株式市場が高騰することがないにしても、アメリカの経済政策が徐々に世界経済に及ぼす影響は、ＯＥＣＤ ＣＬＩをみる限り侮れるものではないのである。

大統領選挙という話題からは少々外れるが、それでは政治の混沌が株式市場に与える影響はどれほどのものなのであろうか。周知のとおり、ドナルド・トランプの大統領就任以降、政権は数々のスキャンダルにまみれ、多くの閣僚が辞任、なかにはそれをウォーターゲート事件になぞらえる政治家や報道すら登場している。

トランプ大統領は二〇一七年一〇月時点でも低支持率に悩まされているが、一方、アメリカの株式市場は絶好調である。第一章「マクロ指標」で紹介したＩＳＭＰＭＩは二〇一七年九月には60を超え、米国株式市場はそれに倣うように上昇を続ける。その上昇が大幅減税への期待に基づいたものであったとしても、最終的には株式市場は経済状態を第一に反映し、政治は二次的な影響しかないことを印象づける事象である。

一方、ウォーターゲート事件がブラウン管を賑わしていた一九七三年から一九七四年にかけて（リチャード・ニクソン大統領は一九七四年八月に辞任）、Ｓ＆Ｐ５００は急激に弱含む。一見、政治の混乱が株式市場に悪影響を与えたようにみえるが、実はアメリカではインフレ率が一九七三年初頭から急ピッチで上昇を始めており、それに抗すべくFEDが積極的な利上げを開始し、ほぼ同時にISMPMIが大きく崩れ始めているのである。

米国株式市場がこれに反応していることに疑いの余地はないだろう。この下落基調に拍車をかけたのが第四次中東戦争に対応すべく発令したOPECによる一九七三年一〇月の原油輸出禁止措置である。これが世に言う「第一次オイル・ショック」となり、インフレ率は急上昇、世界の株式市場は暴落する。

原油危機という世界的なイベントに、ウォーターゲート事件のインパクトが霞んでしまっている可能性は否定できないが、ここでもやはり最大の要因は経済であり、政治スキャンダルではなかったことは明らかである。

第三章

派生的トピック

金融や株式の専門家でなくとも、デリバティブという言葉を聞いたことがあるだろう。先物やオプションといった商品やツールの総称であり、一般人からは高度な数学を必要とする難解なものというイメージをもたれている。

また、その一見して難解な性格から、怪物のように捉えられ、事あるごとに「悪玉」論が台頭するのもデリバティブである。日本語に訳すと「派生商品」と呼ばれるので、このセクションのタイトルを「派生的トピック」としたが、その意図は二重である。

第一の意図は、文字どおりデリバティブ関係の話題を扱うという意味である。ただ、ここで言う「デリバティブ」とは先物やオプションに限定されるものではない。インデックス運用に関連した事項や、ETFの影響なども含まれる広義なものとご理解いただきたい。

第二の意図は、極論すれば本筋ではなく、分枝的な話題という意味である。なぜ分枝的かと言うと、日本株市場で戦略的投資を実践するにあたって、一般投資家にはさほど重要ではないと思われるからである。

さほど重要でなければ「ノイズ」なのかという疑問が当然生ずるであろう。答えは時に「ノイズ」であり、別な時には「ノイズ」ではないということになる。

換言すれば、その情報の使い方によってその重要性が認識される可能性があるということである。この意味は追って明らかになるであろうが、いずれにしても何がノイズで何がノイズでないのかを投資家自らが判断するにあたって、ここに書かれたトピックを知ることは有意義であろう。

直接的に先物やオプション、あるいはETFを取引することがないにしても、これらのトピックを知ることによって、株式の投資判断を下すときの理論武装になるであろうし、「そんなことも知らないの？」と誰かに笑われる心配もなくなる。

それどころか、「私はこんなことも知っているのだ」と自慢することもできるかもしれない。もはやデリバティブは株式市場を語るうえで見逃すことのできない存在となってしまっているからである。

ボラティリティ

株式投資の素人でも、ボラティリティという言葉は聞いたことがあるという人は多いのではないだろうか。日本語では「変動率」と表記されるが、要は株であれ為替であれ金利であれ、原資産がどれだけ変動したか、あるいは変動するかを数値にしたのがボラティリティであり、一般的には、原資産の日次変化率から、その一定期間の標準偏差を年率に換算して求められる。

数学的な表現は割愛するが、標準偏差とはある変数の平均値からの「バラつき」を計る尺度であり、専門用語を使うと、その変数の確率分布が正規分布している場合に、標準偏差の値がマイナス1からプラス1に収まる確率が約68%であることが知られている。

当然のことであるが、ある変数の標準偏差は測定する期間によって異なるものである。したがって時系列のボラティリティはどれだけの期間をとるかによってさまざまである。概して短期のボラティリティが高い原資産は、長期のボラティリティも高くなる傾向があるが、これはあくまで傾向である。原資産の動きは、経済状況によって、あるいは時代によって変化することもあるので、たとえば一カ月ボラティリティが高いからと言って一年ボラティリティも高いとは必ずしも言い切れない。

ちなみにオプション市場では、ボラティリティがきわめて重要な役割を果たす。オプション価格を決定するために使用されるブラック－ショールズ方程式においても、一つの重要な変数がボラティリティである。オプションの価格は、将来の価格がどこにあるかを予想することで決まる。そしてその「将来の価格」が変動率によって変わってくることは容易に想像できる。

オプション価格の計算に使われるボラティリティが将来のボラティリティの予想であることも明らかであろう。これは、専門用語ではインプライド・ボラティリティ（予想ボラティリティ）と呼ばれる数値であり、過去のボラティリティを計算したヒストリカル・ボラティリティ（実現ボラティリティ）と区別されるものである。ちなみに将来のボラティリティは厳密には予測不可能であるため、多くの場合、インプライド・ボラティリティの計算にはヒストリカル・ボラティリティをなんらかのかたちで加工して使う。

ここで日経平均の一カ月ボラティリティが10％であったと仮定しよう。これはどれほどの変動率を意味するのであろうか。一カ月を二〇日として計算すると、約０・６％という数字がはじき出される。日経平均が２００００円だったとすれば、単純計算で二〇日にわたって毎日１２０円上下動を繰り返せば10％のボラティリティを記録することになり、同様に毎日１％（２００円）上下すれば、一カ月ボラティリティは16・３％まで跳ね上がる。

ちなみに一九九〇年初頭までさかのぼって計算した日経２２５の平均一カ月ボラティリティは22・２％という数字であり、リーマン・ショック以降の二〇〇九年からの平均も21・５％という値になっている。これは日経平均が約１・１％毎日変動するという計算になり、２００００円で計算すると日々２２０円の変動を記録することになる。

日本株市場を少しでも知っている読者の目には、これは奇異に映るかもしれない。経験則から日経平均が毎日２２０円上下するなどということはめったにないからである。種明かしをすれば、日経平均が常に２００００円にあるという仮定は非現実的であるということが第一にある。

一九九〇年までさかのぼって、日経平均が２００００円を超えて推移した例は限られており、したがって１・１％の動きと言っても、それが88円だったり、１１０円だったりで、２２０円ではなかったことのほうが多いのである。

また、1・1%というのはあくまで平均であることにも留意したい。たとえば二〇日間で四日だけ日経平均が3%動き、他の日はまったく動かなかったとする。それだけで一カ月ボラティリティは20%を超えるのである。つまり、日経平均が毎日220円動くことはないという経験則は、間違いではないという結論になる。

また、ボラティィリティには特筆すべき性格があり、これはオプションを取引しない場合でも覚えておいて損はない。

一つは、ボラティィリティは平均回帰するという点である。これは直感的にわかることであるが、何かが変動する場合、変動率が恒久的に大きいということはない。小さくなったり、大きくなったりを繰り返すのが普通であり、また特に株価の場合には、会社が倒産でもしない限り株価はある程度一定水準を維持して変動することが多いわけで、この傾向が顕著である。

もう一つは、ボラティィリティは概して株価や指数が下落する時に上昇し、上昇する時には下落する傾向があるということである。この理由は、単純に言えば、株価や指数が下落する時は、それがサプライズに起因することが多く、逆に上昇する時は予想に違わず上昇することが多いということにある。

第一章の「ISMPMI」の項でも触れたが、これは人間の心理の反映であって、株式市場が人間心理の鏡であることの良い例だと思う。繰り返しになるが、われわれが「良い」ニュースを聞いた場合、それを鵜呑みにして直ぐに行動に移すことはめったにない。最初に本当なのかと疑ってかかり、ある程度の時間をかけて納得したうえで行動に移す。つまり人間は用心深い生き物だということである。

逆に「悪い」ニュースを受け取った場合はどうであろうか。この場合は、とりあえずリスクを減らそうと行動を起こす。行動を起こしたうえで、事実関係を確認し、正しければ安堵し、間違っていれば反対行動を起こすであろう。

株式市場が「良い」ニュースで上昇する場合には、用心深く買われるから変動率が抑えられながら上昇するのである。逆に「悪い」ニュースで下落する場合には、皆がとりあえずリスクの軽減に走るから、一気に売られ、市場の変動率は急上昇するのである。

もちろんこの現象は100％の確率で起きるものではない。例外的に上昇相場でもボラティリティが急上昇する場合がある。アベノミクス相場の発端となった二〇一二年一一月から翌年一月にかけてがそうであったし、ドナルド・トランプがアメリカ大統領選挙に勝利した後のトランプ相場がまたその良い例である。

ヒストリカルとインプライド

ボラティリティには大別するとヒストリカルとインプライドの二種類があることには前項で言

及した。ヒストリカル・ボラティリティは過去の時系列から計算されるため、実現ボラティリティとも呼ばれるものである。

また、インプライドは予想ボラティリティであるため、ある程度、過去のボラティリティをふまえたものであることも述べた。

ヒストリカルとインプライドを並行してプロットしてみるとわかりやすいが、インプライドは一般的にヒストリカルに遅行して上昇し、先行して下落する。これには単純な理由があり、要はオプション・トレーダーたちは実際に相場が大きく動くまで、市場の大きな変動は予測しえないということである。

もちろん、なんらかの大きなイベント（たとえばアメリカ大統領選挙）があれば、ある程度の相場変動が前もって予想され、インプライド・ボラティリティが若干上昇することはよくみられる現象である。しかし、俗にボラティリティ・スパイクと呼ばれるボラティリティの急上昇は、事件が起きてはじめて観察される動きである。

逆にいったんボラティリティが上昇すれば、それが将来的に下落する確率が高いと判断されれば、インプライドはヒストリカルに先行して下落する。これは、前項で記述したボラティリティの計算方法から容易に理解できることである。

たとえば、一カ月ボラティリティを計算するとする。計算には過去三〇日間（一カ月を三〇日とすれば）の時系列が使われる。厳密には、土日には市場が閉鎖されており株価は動かないので、過去二〇日くらいの時系列が使われるが、ここでの議論にはあまり意味がない。

過去三〇日の時系列を使うということは、その間に起きた事件だけが、ボラティリティに貢献するということである。計算式から明らかなように、たとえば三〇日前に大きな相場の下落があり、実現ボラティリティが急上昇したとすれば、その上昇分が三〇日後には必ず元に戻るということである（なぜなら、三〇日間以外の数値は一カ月ボラティリティの計算に寄与しないから）。

オプション・トレーダーたちがこの下落分を予想するため、インプライド・ボラティリティはヒストリカルに先行して下落するのである。

また、実際のインプライド・ボラティリティの動きは、ヒストリカルだけを要因にして動くものではないことも特筆しておく必要があろう。市場にはボラティリティ・ファンドがあり、またボラティリティをアセットとして取引する業者がいる。ボラティリティがアセットとして取引されれば、当然そこには需給のバランスが介在し、それによってインプライドは上下することになるのである。

一般的に近未来の予想が遠い未来の予想よりも容易であることは想像にかたくない。したがって近未来のボラティリティ予想は長期のボラティリティ予想よりもたやすい。短期のインプライド・ボラティリティが短期のヒストリカルに基づき、長期のインプライドがより別な要因に基づくことも、このことから理解できよう。

短期のインプライドに需給が関係しないとは言わないが、短期オプションは流動性が高いため、需給のインバランスが生じがたいということがある。逆に長期オプションは流動性が低いため、一部の市場参加者の意向の影響をより受けやすいのである。

先物やオプションといったデリバティブ取引が現物株に与える影響や、仕組債と呼ばれるオプションを内包した債券がボラティリティに与える影響については、この後の項で述べてみたい。

先物の影響

「現在価値」という言葉は、金融を勉強すれば必ず学ぶ言葉である。物品や金銭には「現在価値」と「将来価値」があり、この二者は金利で一義的に定義されている（株式の場合は、これに配当が加わる）。

金利がプラスであれば、現在価値に金利が付帯するので将来価値は高くなり、対照的に現在価値は利息となる金利分だけ将来価値に劣ることになるが、この将来価値がつまりは先物の理論価格である（日経225先物やＴＯＰＩＸ先物といった株式指数先物の場合には、配当の分だけ現在価値が底上げされる）。

先物を取引する投資家は、大きく分けて三種類存在する。その一つが投機筋である。彼等は強気相場とみれば先物を買い、弱気とみれば先物を売る。先物と現物の間には「裁定」が働いているため（裁定が働かなければ、無償で永久に利益を得ることができる）、先物が買われれば現物が買われ、その逆も真であるから、結果として投機筋の動きに現物市場が左右されることとなる。

第二章の「日銀と黒田バズーカ」の項で述べたが、過熱相場では先物の建玉そして裁定残が大きく積み上がっていることが多い。二〇一三年五月二二日がそうであったように、これは要注意サインである。

もう一つの投資家が、先物をヘッジとして使う機関投資家であり、年金などの国内外の多くの機関投資家がこれに相当する。彼等は巨額の資金をインデックス運用しており、したがって相場全体の動きに中立であろうとすれば、買い持っている自身のポートフォリオに対して指数先物を売るという投資行動を起こす。

先物をヘッジのために売れば、裁定の理論から現物市場には売りプレッシャーがかかることになる。売りが売りを呼ぶことになり、ポートフォリオを保有している機関投資家は自らの首を絞めるように思えるが、少なくとも理論上は相場に中立になるようにヘッジは組まれているので、その懸念は少ないと言えよう。

三つめの投資家である裁定業者も、現物株市場に与える影響は、これとほぼ同様である。先物価格と現物価格の関係は、一義的に決まると述べたが、この関係に投機筋やヘッジ・ニーズの影響を受けてゆがみが生じることがある。これを裁定機会と呼び、その裁定機会を収益に変えようと試みるのが裁定業者である。

一般的に、先物の実勢価格が理論価格を上回っていると判断された場合、裁定業者は先物を売り、現物を買ってその差益をとりに行く。逆であれば、現物を売り、先物を買う。

日本の場合、株式指数先物の満期は四半期ごとに訪れるので（これをＳＱと呼ぶ）、その時点で現物価格と先物価格は合致しなければならず、思惑どおりゆがみがあったとすれば利益につながることになる。つまり理論価格が満期時に実現価格と一致するため、実勢価格が理論価格と比較して高い（低い）時点で売れば（買えば）利益が生じるわけである。

現物相場からみれば、先物と現物の反対売買が同時に行われるので、裁定業者が現物相場に与える影響は限られている。裁定業者がどこに大きな影響を及ぼすかというと、個別株なのである。実はこれは先ほど触れたインデックス運用と綿密に関係している。

先物と現物の間に生じる裁定機会は、概して相場のセンチメント（強気であるか弱気であるか、そしてその程度）や金利予想と配当予想に基づいて生じる。この場合、裁定業者が保有する現物ポートフォリオは指数の構成銘柄に比重も含めて一致しなければならない。

したがって指数の構成銘柄に変更があった場合には、その変更にのっとった売買を行い、銘柄の調整を余儀なくされる。これが個別株に裁定業者が与える影響である。このプロセスはインデックス運用を行っているファンドと同様であるので、その詳細は次の項で説明してみたい。

インデックス運用の影響

インデックス運用とは、与えられた指数（インデックス）に対するリターンで、あるいはインデックス自体のリターンで投資成績を評価する運用方法を言う。指数対リターンで評価する運用方法をアクティブ運用と呼び、インデックス自体のリターンで評価する運用方法をパッシブ運用と呼ぶ。

狭義にはパッシブ運用だけをインデックス運用と呼ぶ場合もあるようだが、ここではヘッジ・ファンドのように絶対リターンを獲得するために資産運用をする組織とは対照的に、インデックスに対する相対リターンを目的とする投資家やファンドの運用も含めてインデックス運用と呼ぶことにする。

筆者が携わったアメリカの年金基金での資産運用はこのインデックス運用であり、アクティブとパッシブの両方で年金の運用をしていた。もちろんどこの国の株式を運用するかによって、対象となるインデックスが異なり、日本株の場合は多くの海外の年金基金と同様にＭＳＣＩジャパン指数を使用していた。

国内の機関投資家の場合は、ＴＯＰＩＸを使用することがほとんどであるが、ファンドによっては日経平均やJPX400、その他のインデックスが対象となる場合もある。

インデックス運用、インデックス・ファンドの基本的なアプローチはいかに保有する株式のポートフォリオをインデックスに連動させるかである。この時に重要な概念となるのがトラッキング・エラーと呼ばれるものであり、これは簡単に言えばインデックスからの乖離を年率換算で表したものである。

アクティブ運用の場合、ファンドの目的はインデックスをアウトパフォームすることであるが、この時もあまりにアウトパフォーマンスが大きくなることは好まれない。なぜなら大きなアウトパフォーマンスは対インデックスでのボラティリティの大きさに比例し、リスク・マネージメントの観点からは危険度の高い投資結果としてみられるからである。

したがって、アクティブ運用であっても、トラッキング・エラーは重要となり、運用成績はある一定のトラッキング・エラー内に収まることが求められる。一方、パッシブ運用の場合は、インデックスと同様のリターンを目的とするので、トラッキング・エラーを最小化することが求められるわけである。

ポートフォリオをインデックスに連動させたいと思えば、インデックスを構成するすべての銘柄をその比重どおりに保有することが手っ取り早い方法である。

事実、日経平均を対象とするパッシブ運用の場合では、日経225のすべての銘柄をそのウェイトどおりに保有することで完璧に近い連動性を担保する。

MSCIジャパンの場合も、銘柄数が300余なので、同様のアプローチがとられることが多い。TOPIXの場合は、銘柄数が1800を超え、時価総額でウェイトづけされた末端の銘柄では十分な流動性（売買高）を確保することすら困難であるため（つまり即時の売買が困難であるため）、一般的には時価総額の大きい銘柄だけを保有し、それらの比重を調整しながらトラッキング・エラーを最小化するというアプローチがとられる。

アクティブ運用の場合は、対象指数が日経225であろうがMSCIジャパンであろうが、インデックスの構成銘柄のすべてをそのウェイトどおりに保有するということは当然ない。一般的には、構成銘柄をウェイトの高い順に保有してあらかじめ決められたトラッキング・エラーを確保し、その範疇で銘柄を変えながら相対アウトパフォーマンスをねらうという方法がとられる。ここにポートフォリオ・マネージャーの判断と手腕が介在することは言うまでもない。

さて、それではインデックス運用が株式市場に与える影響はどういったものなのだろうか。すべての投資家がインデックス運用するといったような非現実的な例を除けば、インデックス運用の最大の影響は特に個別株に現れる。

ここに巨大なインデックス・ファンドが登場したとする。そしてそのファンドの対象となるインデックスが日経225だったと仮定しよう。このファンドは巨額の資金で日経225銘柄をそのウェイトどおりに購入するわけであるから、最大の恩恵（資金フローの観点からは）はインデックス構成銘柄のなかでいちばんウェイトの高い銘柄が受けることとなる。現時点でそれはファーストリテイリングである。

結果としてファーストリテイリングの株価は急上昇することとなるわけであるが、この上昇はファーストリテイリングの業績とは無関係であることに気づくだろう。これがインデックス運用の影響であり、弊害でもある。

第二章「政策の影響」で触れたＧＰＩＦによる資産配分変更の影響などは、この典型であろうし、また大手の保険会社や資産運用会社が、いつ何々ファンドを設定するという情報は公開されている情報であり、それに目を光らせてどの株にどれほどの影響があるのかを計算するのも一計である。

ただ、インデックス運用の影響は、実はこの例にとどまらない。さらに大きな影響がインデックス・リバランスを機に散見されるのである。

インデックス・リバランスとはインデックス構成銘柄の見直しを示し、その頻度や基準は各インデックスによってまちまちである。そのすべてをここに網羅することはこの書物の本筋ではないが、それぞれのインデックスには組成や組換えに厳密なルールが設けられており、これは公開情報である。

これらのルールに精通することによって、銘柄入替えの際にどの銘柄が削除され、どの銘柄が新規に組み入れられるのかを推定することができる。削除される銘柄には、インデックス・ファンドや裁定業者からの売りが入り、加えられる銘柄は買われることになる。これらを前もって予想し、売却銘柄をショートし、購入銘柄をロングしておくこと（ショート＝空売り、ロング＝買い）によって、利益が得られることは自明であろう。インデックス・ファンドからの売りと買いを前もって予想し、その銘柄にベットする投資方法は俗に「コバンザメ投資」と呼ばれ、その歴史は長い。

無論、インデックスのルールにのっとって銘柄を売り買いすれば利益が出るのであれば、こんなに簡単な投資方法はない。しかし、例にもれず現実はここで書いたほどシンプルではないのである。

第一に、売買のタイミングのむずかしさがある。日経225やMSCIジャパン、TOPIXのようなメジャーなインデックスの場合、実際のリバランスの数カ月前には大手の証券会社からの予想レポートが出揃っている。

一般的にレポートの内容は、インデックスへの新規採用銘柄とインデックスからの除外銘柄をルールに基づいて予想し、それにかかわるパッシブ運用からの需要を推算して平均取引額に比してどれだけ売買されるかを明記したものである。パッシブ運用からの需要は、世界中の年金基金や保険会社、投資信託、ＥＴＦ等から推測されるため、各社のレポートに多少のブレはあるが、インデックスの時価総額の数パーセントのレベルである。

ちなみに実際のレポートは、採用銘柄と削除銘柄の予想をリストアップしているだけではない。採用される銘柄にも、削除される銘柄にもそれぞれウェイトがあり、それがリバランス後の指数に導入されるだけで、指数構成銘柄全体にウェイトのシフトが起こる。したがって、レポートは通常、リバランスの結果として最も影響を受ける銘柄をその影響の大きさ順に並べているのである。

問題は、レポートが出た時点で「コバンザメ投資家」たちがこれらの銘柄を対象にしたポジションを組んでしまうことである。また、大手の証券会社やイベントを利用して利益をあげようとするイベント・ファンド等は独自の予測を前もって立てており、すでに銘柄を「仕込んで」しまっている可能性もある。

彼等にしてみれば、利益さえ出ればいいのであるから、実際のリバランスを待たずにしてポジションを手仕舞い、結果として大量の売りや買戻しが生じることも想定されるわけである。

概して大手証券会社からのレポートが公になった時点で、インデックスの新規採用株は急騰し、除外株は急落するという現象が何度も観測されている。イベント・ファンドや自己ポジションをもって取引している大手証券会社のプログラム・トレーダーにしてみれば、前もって構築していたポジションを手仕舞う絶好のチャンスである。

一方、パッシブ運用からの実際の取引はリバランス間際に生じる。これは前述したように、パッシブ・ファンドがトラッキング・エラーを嫌うからであり、リバランスの期日からあまり外れた時期に売買を行うことはトラッキング・エラーを増大させる原因となるからである。

それでは、パッシブ運用からの需要だけを考えてリバランスの当日に売買を敢行すれば良いではないかと思われるかもしれない。これも実は一筋縄ではいかないのである。

銘柄にはそれぞれ流動性があり、流動性の低い銘柄にいきなり大きな買いや売りを入れれば、その銘柄の価格を大幅に動かしてしまう可能性がある。結果として自らのトラッキング・エラーを増大させてしまったのでは元も子もない。

パッシブ運用を行っている機関には一般的にエクセキューション・トレーダーと呼ばれるトレーダーがおり、彼等の役目はいかにトラッキング・エラーを最小にとどめながら円滑に取引を行うかである。したがって、リバランスの際に採用銘柄や削除銘柄をどう売買するかは、ある程度エクセキューション・トレーダーの裁量に依存しているわけで、これが各銘柄がリバランス当日にどう動くかを的確に把握することの妨げとなっているのである。

リバランスに乗じて利益をあげることのもう一つのむずかしさは、インデックスの見直しルール自体に起因している。インデックスごとに異なるルールが設けられているが、そのルールが必ずしも厳密ではないのである。

日経225であれば、銘柄入替えの基準は一部、インデックスの母体である日経新聞社独自の判断に任されている。同様にMSCIジャパンであればMSCIが、そしてTOPIXであれば東京証券取引所が、部分的に独自の判断をもって銘柄を決定している。ルールに従えば入替銘柄の90%を予想できたとしても、残りの10%が予想できなかったという事態は、決して珍しくはない。

銘柄の選定方法が厳密であれば、採用銘柄や削除銘柄の特定が容易になり、一部の投資家に有利な条件を与えてしまうことになるため、意図的にインデックスのスポンサーがルールを不透明にしているという理由がこの背景にある。もう一つの理由は、インデックスのスポンサー自体が、自らのルールを持て余しており、それが露呈するのを恐れるあまりに「独自の判断に基づき」といった文言をルールのなかに組み入れていることが考えられよう。

この二つ目の理由は、特に浮動株比率の調整に目立って現れる。浮動株比率とは、簡単に言えば短期的に株式を保有する株主の全株主に対する比率のことであるが、これが銘柄のウェイトを決定する時にMSCIジャパンやTOPIXで使用されるため、インデックスが見直される局面で重要になってくるのである。

ただ、厳正に誰が長期的な株主であり、誰が短期的な株主であるのかを判断することは必ずしも容易ではない。たとえば企業の創始者や、大手の銀行といった明らかな長期保有者（政策保有者とも呼ばれる）の場合は比較的楽に判断は下せようが、有価証券報告書に掲載されている大株主のリストには、政策的な理由で保有しているのか、そうではないのか判然としない株主も存在するのである。

そういった株主が浮動株主と定義されるかどうかは、インデックスのスポンサーの判断に任せるほかに道はなく、当然そこには不確実性が姿を現す結果となる。

つまり、インデックス運用や、そこから派生した「コバンザメ」投資家たちが個別株に影響を与えることは歴然としているが、それを利用して利益をあげるにはいくつかの難題を解決しなければならないということがわかるであろう。

事実、インデックス・リバランスをイベントとして利用し、高い確度で利益をあげている投資家は、筆者が知る限り証券会社に勤務する一部の有能なトレーダーか著名デイトレーダーのみである。

仕組債の影響

仕組債とは一般的になんらかのオプションが組み込まれた債券のことを指している。これらの債券は概して一般投資家向けに組成され店頭販売される。日本の場合、プット・オプションの売りが組み込まれた仕組債が主流であり、そのオプションは株式指数や個別株、為替などを原資産としたものである（原資産を売る権利がプット・オプションであり、逆に買う権利はコール・オプションと呼ばれる）。

株式指数は主に日経225であり、個別株は大型株であるが、プット・オプションの形態は、原資産の価格に対してストライクがその100％、ノックアウト・バリアが105％から110％、そしてノックイン・バリアが70％から40％のレベルで設定されているのが常である。

オプションに詳しくない読者のために説明すると、ストライクとは行使価格のことであり、原資産価格がそれを超えるとオプションの価値が発生する価格のことである。ノックアウト・バリアとは、原資産価格がそれに到達した時点でオプションが無価値になる価格のことである。また、ノックイン・バリアは、原資産価格がそれに到達した時点でオプションが有効となる価格のことを言う。仕組債の場合には、ノックアウト・バリアは早期償還条項として記載されている。

ストライクとノックイン・バリアの違いは、ストライクがオプション価値に比例するのに対して、ノックインは単純なレベルであり、オプションの有効性を決めるスイッチにすぎないという点である。

オプション・プレミアムを無視して単純化すれば、仮にストライクがオプション設定時に原資産価格の100％であり、満期時に原資産価格が80％まで下落すれば、プット・オプションの価値は差し引き20%ということになる。

この時に、もし前もってノックイン・バリアが70%に設定されていれば、オプションはノックインに到達していないため無価値となる。しかし、仮に原資産価格が満期時に60%まで下落しているとすれば、ノックイン・バリアを超えているので、オプションの価値は差し引き40%という計算になる。

この例からもわかるように仕組み自体はそれほど複雑なものではない。ただ、この仕組債が場合によっては原資産に多大な影響を与えるのである。その理由は以下のとおりである。

周知のように、オプションは契約であり、買い手に対しては必ず売り手が存在する。前述のプットが内蔵された仕組債の場合、一般投資家がその債券を買うということは、その仕組債から得られるインカムを求めて買うわけであり、つまりこれはプットを売るという行為に等しい（つまり一般投資家はプットを売ってオプション・プレミアムを得る）。

そのオプションの買い手は、仕組債を組成した証券会社である。専門用語で言えば、一般投資家がプット・ショートであり、証券会社はプット・ロングということになる。一般投資家はインカムが目的で仕組債を購入しており、しかも組み込まれたプットにはストライクよりはるか下方にノックイン・バリアが設定されているので、そのまま債券を持ち続けるか、ノックアウトされるのを待って、新規に仕組債をまた購入するという投資行動を繰り返す。

一方、反対のポジションをとっている証券会社にしてみれば、プットのロングはリスクとして認識される。なぜならオプションの価値はボラティリティや満期までの期間、原資産の価格等に依存しており、それらの変化によって時価評価が変わってくるからである。

リスクにさらされていれば、それをヘッジするのが定石である。時間的リスクやボラティリティ・リスクは、仕組債に内蔵されたオプションと同様の上場オプションや店頭オプションを売買することで達成される（完璧ではないかもしれないが）。

原資産の価格の動きに基づくリスク（デルタ・リスクと呼ばれる）に対しては、指数オプションや為替オプションであれば、指数や為替の先物を、株式オプションであれば、原株式を売り買いすることでヘッジを行う。このヘッジ行為が実は得てして原資産に影響を及ぼすのである。

ここからはやや複雑になるが、仕組債の影響を理解するうえでは避けて通れない道である。オプションの価値は原資産の価格や、ボラティリティ、満期までの期間等で決まると述べたが、つまりそれはオプションの価値がそれらの要素に対して一定の感応度をもっているということにほかならない。

その感応度を専門的にはグリーク（ギリシャ文字）と呼び、これらは文字どおりギリシャ文字で表現される。そのなかの一つが原資産価格に対する感応度であり、それをデルタと呼ぶわけである。

デルタは一般的に原資産価格が1％動いた時に、どれほどオプション価格が動くかによって表示される。つまり、もし原資産価格が1％上昇した時にオプション価格が1％上昇すればデルタは100％あるいは1ということになる。

これは何を示唆しているかと言うと、デルタ・リスクをヘッジする場合のヘッジ・レシオを表しているのである。もし、原資産価格が1％上昇した時にオプション価格が1％上昇するならば、そのリスクをヘッジするためには（自己のポジションが影響を受けないようにするためには）原資産をオプションと同じ額だけ売れば良いということになる。オプション価格が1％下落するならば、その逆である。デルタに従って原資産を売り買いする。これをデルタ・ヘッジと呼ぶ。

具体的には、指数プット・ロングの場合、指数の先物をデルタ分だけロングしてヘッジする。しかし、デルタは原資産価格の変化とともに変化するものである。なぜならオプションの価値は原資産の価格がストライクからどれだけ離れているかによって変わってくるからである。

ちなみにどこの教科書にも書いてあることであるが、オプションは原資産価格がストライクにあるときをアット・ザ・マネー（ATM）と呼び、ストライクを超えている（コールの場合は上方、プットの場合は下方）場合をイン・ザ・マネー（ITM）、ストライクに届いていない場合をアウト・オブ・ザ・マネー（OTM）と呼ぶ。

プット・オプションは原資産価格が下落すればするほどその価値を増すものであるから（プッ

ト・ロングには利益、プット・ショートには損失となる）、原資産価格が下落すればするほどヘッジ・レシオを増やす必要があり、上昇すればヘッジ・レシオを減らすこととなる。これはつまり、原資産価格が下落すればより多くの先物を買い、上昇すれば先物の数を減らさなければならない（売らなければならない）ということである。

指数が下落すれば指数先物を買い、上昇すれば売るという行為は、指数のボラティリティを抑制する行為であることに注目したい。これはコール・ロングも同様であり、この場合は指数が上昇すれば先物を売り（コールの場合は、先物ショートでヘッジするため）、下落すれば先物を買うというヘッジ行動になるため、やはり市場ボラティリティを抑制する結果となる。

このメカニズムを理解すれば、逆にプット・ショート・ポジションのヘッジやコール・ショート・ポジションをヘッジする場合には、ヘッジ行動はボラティリティを上昇させる結果となることが理解できよう。

それではここに仕組債が存在するとして、その原資産価格が大きく下落してノックイン・バリアを脅かすレベルに到達した場合を考察してみたい。前述したように原資産価格が下落するにつれ、プット・ロングの証券会社は原資産を買い増していく。

ただ、ノックイン・バリアというものは、オプション価値がゼロになるか、ストライクと原資産価格の差になるかの境界線であることを思い出してほしい。つまりノックイン・バリア近辺で、デルタの変化率は最大となり、ノックイン・バリアを超えた瞬間にそれまで買い増していた原資産に多額の売りが生じる結果になるのである。

無論、実際にはノックイン・バリアが接近するにつれ、理論的デルタに従って際限なく原資産が買い増されるわけではない。デルタがマイナス1に収束するであろうことがある程度予想できれば、原資産価格がバリアに抵触する以前にポジションの調整が行われている。それでも原資産に相当の売りが出ることに間違いはなく、その影響らしきものが観察されているのである。

観測されていると言っても、原資産価格がノックイン・バリアに抵触するには30%か40%、あるいはそれ以上に下落する必要があり、そのような事例が多くあるわけではない。恐らく最も多くの事例が出現したのが二〇〇八年の秋から冬にかけてであっただろう。

リーマン・ショックの真っ只中であるが、この時は日経平均も個別株も仕組債の影響をかなり受けていたと考えている。あくまで現象からの憶測ではあるが、一つの好例と思われるのは野村ホールディングスと大和証券グループである。

両者とも日本の証券業界における巨人であるが、歴史的に野村のほうが時価総額が大きく、概して株価のボラティリティは低い。過去の暴落相場にあっては大和の株価下落率が野村のそれを上回ることがほとんど常であった。

それが覆ったのがリーマン・ショックの時だったのである。時系列をみればわかるが、この時は野村の株価下落率がはるかに大和の株価下落率を上回っている。これには複数の要因があげられるのかもしれないが、その一つが仕組債の存在であった可能性が高い。この年の野村の仕組債発行額が、大和の仕組債の発行額を大きくリードしていたからである。

前述したメカニズムどおり、野村ホールディングスの仕組債を引き受けた証券会社はプット・ロングとなり、野村ホールディングスの株式を買い持ちしてそのデルタ・リスクをヘッジしなければならない。野村の株式が大幅に下落して、プット・オプションのノックイン・バリアに抵触するような状態になれば、それまで買い増していた野村株を一気に売りに出すことになる。これが野村株の下落にさらに拍車をかける結果となったと解釈されるのである。

同様のことがリーマン・ショック当時には日経平均でも起きていたという仮説を立てることはむずかしくない。日経平均の下落が仕組債のノックイン・プットをトリガーし、日経先物に大幅な売りが出る。ただ、厳密な検証は、その売りが仕組債絡みなのか市場の下落を嫌気した機関投資家やマクロ・ファンドからのヘッジ売りなのかが判然としないため困難である。

そうは言っても相場が大幅な下落局面にあるとき、ポートフォリオを運用している場合に特に気になるのは、どの株がノックインの影響を受けやすいかということであろう。個別株に関する仕組債の情報は公表されており、発行時の株式のレベルからノックインがどこでトリガーされるかを逆算することはむずかしくない。

一般的に、個人投資家に販売するということとヘッジ・ニーズの観点から、仕組債の対象となる銘柄は名の知れた、そして流動性の高い大型銘柄であり、またプットを売ってインカムを得るという観点からはよりボラティリティの高い銘柄ということになる。

仕組債のノックイン・バリアが原資産に引き起こす潜在的悪影響についてはここまで書いたとおりである。当然の疑問として、ノックアウト・バリアはどうなのかということが考えられるだろう。ノックアウト・バリアに到達した時点で、仕組債は消滅し、オプション価値は突然ゼロになってしまうからである。

早々に種明かしをすれば、実はノックアウトの影響は一般的にそれほど大きくはない。その理由を理解してもらうには、文字どおり仕組債の仕組みをもう少し説明する必要がある。

仕組債のバリアはそれが判定されてはじめて有効となる。ノックイン・バリアが侵食されたかどうかの判定は、日々連続的に行われているが、ノックアウト・バリアの場合は概して仕組債発行後の四半期ごとに行われるのである。この判定プロセスの違いが、ノックイン・バリアとノックアウト・バリアの明暗を分ける。

バリアの判定が連続的に行われていれば、デルタの変化は即時に原資産に反映され、それが潜在的に多大な影響を与えかねないことは前述のとおりである。ところがノックアウト・バリアのようにその判定が四半期ごととなれば、デルタの変化は判定日以前に既に織り込まれており（デルタはすでにゼロになっている）、判定日にはデルタの変化が皆無であることが多いのである。

もちろんたまたま判定日にノックアウト・バリアに抵触すれば、突然デルタがゼロになり、ヘッジのためにロングしていた原株式や先物に売りが生じるわけであるから、それなりの影響は想定できよう。しかし、このような例はきわめてまれであるうえに、引受業者はデルタがゼロになることを前もって想定し、デルタの調整を行っているため、やはり影響は軽微であるということになる。

転換社債の影響

転換社債とは一般的に株式への転換権が付随した債権のことを指す。転換社債とワラント債や転換権付優先株との区別や、転換社債のさまざまな形態を説明・分析することは本書の主旨ではないため、それらすべてをひっくるめてこの項で解説したい。また、商法上は二〇〇二年四月以降、転換社債は転換社債型新型予約券付社債と規定されるようになったが、ここでは便宜上、転換社債と呼ぶ。なぜなら、これらの派生商品が原株式に与える影響は、主にデルタ・ヘッジによるものであり、そのメカニズムは同様だからである。

転換社債とは、社債という名前が示すように企業が資金を集めるために発行する債券の一種である。企業が資金を調達する場合、大別すると株式を発行するか、社債を発行するか、転換社債を発行するかのどれかの選択をする。

株式を発行すれば自己資本は増強されるが同時に株式数が増えるため、株式を評価するにあたって重要な指標の一つである一株当り利益を損害することとなる。これが新株発行の発表と同時に株価が下落するゆえんである。

社債を発行すれば、株式数は増えないが企業の借金が増えることとなる。これはレバレッジと呼ばれ、一概に悪いことではないが、膨大な借金を抱えていれば不況になったときや金利上昇時に借金の返済能力が問われ、また自己資本比率の低下から格付機関からも悪い評価が下されることが多いため、将来の資金繰りがむずかしくなる可能性を秘めている。

転換社債は考え方としては株式と社債の中間に位置する資金調達手段である。発行時に株式としてカウントされることはないので、一株当り利益を毀損することがない（ただ、潜在株式数としてカウントされることがある）。ただ、株式数を増やすことはないが、転換時に社債部分が消滅するため、自己資本としてカウントされるという利点がある。ただ、前述したように転換社債にもさまざまな形態があり、転換権と社債がはっきりと区別されているものもあるので、その場合の会計処理はまた違ってくる。

「一株当りの利益を毀損することがない」と書いたが、実はこれはあくまで理論上の話であり、実際には転換社債の発行が発表されると同時に株価はほぼ例外なく調整される。

これは転換社債が転換された場合に増大する株式数を見越した下落であり（その潜在株式数の既存の株式数に対する割合を希薄化率と呼ぶ）、あくまで一般論であるが転換社債発行時の株式の下落率は希薄化率にほぼ比例することが多い。

最近は、転換社債の形態が複雑化しさまざまな条件が付帯されているので、潜在株式が既存の株式に与える影響については目論見書に精通することが重要である。また、リキャップCBと呼ばれる自社株買いの発表と同時に転換社債を発行するという動きも散見されるようになっており、このような場合には、株価が上昇するという例も珍しくない。

さらに、相場のセンチメントや企業の業績などをある程度読んでいれば、転換社債発行や新株発行の発表が思わぬ買い時をもたらすこともある。これも一般論であるが、転換社債の発行発表で下落した株式は、その翌々日には回復基調に乗っていることが多く、一週間後には発表前の株価に戻っているという例は後を絶たない。

さて、それでは転換社債にまつわるデルタ・ヘッジの影響とはどういったものであろうか。実はここにもヘッジ・ファンドがその影を落としているのである。

転換社債は一般企業が主に個人投資家向けに発行する債券であるが、その一部は転換社債ファンドと呼ばれるグローバルな投資家に渡り、またその一部はコンバーティブル・アービトラージ・ファンドと呼ばれるヘッジ・ファンドが手にすることになる。

問題は、このコンバーティブル・アービトラージ・ファンドである。転換権というものがコール・オプションと同等であることは明白であろう。転換期限（満期）があり、転換価格（ストライク）があり、ボラティリティが価格を大きく左右することも同じである。コンバーティブル・アービトラージ・ファンドは転換社債のオプションの部分を保有し、それをデルタ・ヘッジすることによって利益をあげているのである。

コール・ロングであるから、ヘッジは株式ショートである。したがって株価が上昇すればショートを増やす（つまり株を売る）という行動で対応し、株価が下がればショートを減らす（つまり株を買い戻す）という行動で対応する。株価が一箇所にとどまり、上下動を繰り返せば株を高値で売って安値で買い戻すわけであるから、自然に利益が生じるわけである。

このロジックは、コール・オプションを保有していなくても一応は成立することに注目したい。株価が上昇した時に大量の売りを浴びせて株価を下落させ、下落した時点で大量の買いで上昇させることは理論上は可能である。しかし、それだけの資金力をもって行動したとしても、なんらかの理由で株価が上下いずれかの方向に暴走すれば大損するストラテジーであることも明らかであろう。

オプションを同時に所持することによって、この暴走の可能性を縮小することが可能となるのである。そのメカニズムはコール・オプションの性格に起因している。

周知のようにコール・オプションはそれを行使することによって、行使価格（ストライク）で原資産を受け取る権利である。投資家はオプション・プレミアムを支払ってこの権利を獲得する。一般の投資家はそこで終わりである。しかし、コンバーティブル・アービトラージ・ファンドのように、このオプションをヘッジしたい場合には、そのヘッジがデルタによって行われることは「仕組債」の項で解説したとおりである。

コール・オプションを保有している場合、デルタは原資産価格がストライクに対して上昇するにつれ大きくなり、ストライクをはるかに超えたレベルで1に収束する（これは行使の確率が100％となったことに相当する）。逆に原資産価格がストライクに対して下落するにつれデルタは減少し、やがては0に収束する（行使の確率が0％となる）。

デルタに則してヘッジした場合を考えてみよう。株価が高騰した場合には、デルタにのっとってショートしていたポジションからはロスが発生する。しかし、オプションをロングでもっているためそのロスは相殺される結果となる。

反対に株価が暴落した場合には、その過程でヘッジのために保有していた株式ショート・ポジションはデルタの減少に伴って段階的に減らされているため、暴落の利を得ることはできない。ただ、そのまま株価が戻らなければ、失うのはオプション・プレミアムのみである。

ちなみにデルタの変化率（ガンマ）がいちばん大きいのがストライク（転換価格）近辺であ

る。つまり、オプションを保有することによって、どれだけ原株を売買すればいいのかがわかるばかりではなく、どの株価レベルで売買すればいちばん利益が出やすいかもわかるのである。

また、個別株オプションは転換社債に基づいたものだけではないことも心に留めておく必要があろう。転換社債から分離されたコール・オプションをヘッジしているのはコンバーティブル・アービトラージ・ファンドであるが、同じ原株のコール・オプションが他社によって組成され、それが引受業者によってヘッジされている可能性がある。特にストライクが同レベルであれば、デルタ・ヘッジの影響はより顕著になろう。

前置きが長くなったが、デルタ・ヘッジが原株に与える影響を理解するにあたって必要な知識が以上である。株価が上昇すれば株を売り、株価が下落すれば株を買い戻す。これがオプションをロング（専門用語ではガンマ・ロング）しているときのデルタ・ヘッジであり、ガンマ効果と呼ばれるものである。

この作業が株価をある一定のレベルに膠着させてしまう可能性があることは歴然であろう（これをピン・リスクと呼ぶ）。そしてその一定のレベルとは前述したようにデルタの変化率（ガンマ）がいちばん大きくなるストライク近辺なのである。

ガンマはまた、オプションの満期が近づくに連れて増大する性質をもっている。したがって転換社債の満期が近づくに連れて株価が転換価格近辺に張りついたように動かなくなる現象を目にすることは珍しくない。この現象にデルタ・ヘッジが寄与している可能性を指摘するのがこの項の主旨である。

ただ、転換価格近辺で株価の上値が重くなるのはデルタ・ヘッジの影響だけではないことにも注意する必要がある。

転換社債の場合、転換権が行使されれば、その転換社債相当の新株が発行されることになる。つまり既存の株式が希薄化されることになり、それが株価下落の一因となることは言うまでもない。転換価格近辺で、株価は必然的に下落プレッシャーにさらされることになるのである。

事実、転換社債の満期と同時に株価が急反発することが何度も観察されている。これは満期に限らず、期前転換条項（早期償還条項）のような転換条件が付随している場合も同様である。このような転換条件には概して株価が数日間にわたって一定のレベルを保つことが求められる。その条件を満たすか満たさないかの時点で、上値が急に重くなるのである。

転換社債の満期や転換条件を知ることによって、前もって原株を買っておけば、ピン・リスクと転換リスク消滅の両面から転換後あるいは満期後の急反発の恩恵を受けることができる。もちろんすべての株が条件に反応して急反発するわけではない。それでも諸々の条件が整えば、少なくとも統計的には株価が上昇する可能性が高いことを頭に入れておくのが適切であろう。

転換社債の転換によって、どれほどの新株が発行されるのかは次の数式で求められる。

新株発行数＝転換社債の額面規模／転換価格

仮にデルタが50％であったとすれば、新株発行数の約50％がデルタ・ヘッジのために使用されている計算となる。もちろんこれは、その転換社債のすべてがコンバーティブル・アービトラージ・ファンドの手にあると仮定した場合である。実際には個人投資家や転換社債ファンドにも相当数保有されていると考えるのが妥当である。

問題はデルタの計算であるが、これはオプション理論に基づいているので、本書で簡単に紹介するわけにはいかない。ただ、オプション価格の計算ができるソフトなどを使えば、これも簡単である。大雑把な目安としては、オプション・デルタはATMの時に約50％である。

デルタは原資産価格（この場合は株価）の動きによって変化するので、その変化率を求めることによってヘッジに使われる株数を推計することができる。その株数が、たとえば一日の平均売買株式数に匹敵するか凌駕するような場合には、相当のインパクトが生じる可能性がある。

どの株式がデルタ・ヘッジや転換価格の影響を受けているかは、株価の推移を観察することによってある程度、把握することができる。株価が転換社債の転換価格を天井にして跳ね返されていたり、あるいは転換価格に張りついたような動きをしていれば、その転換社債が消滅した時点で大きく変動する確率は高いであろう。

この項では最後のトピックとなるが、オプションをショートしている場合のデルタ・ヘッジあるいはガンマ効果について説明したい。このような状況には、最終投資家がオプションをロングしていた場合に引受業者が直面するが、その他にもコンバーティブル・アービトラージ・ファンドが転換価格下限条項付きの転換社債を保有している際にも陥ることがある。

一般的に転換社債には一つの転換価格が設定されるが、転換価格が株価の推移に則して再設定される亜種が存在する。もともと転換社債は将来的に株式へ転換されるという目論見のもとで発行されるものである。したがって転換価格の変更は転換を促すために実施される。

転換価格が上方に変更される可能性があれば、転換の結果受け取ることのできる株数が減少するため、転換社債を保有している投資家は転換を急ぐ。逆に下方に設定されるのは、株価のパフォーマンスが思わしくない場合で、これも転換価格を下げることによって株式への転換を促すわけである。

ただ、転換価格を下げるといっても無限に下げていくわけにはいかない。転換価格をあまり下方に設定すれば、転換時に膨大な新株が発行されることになり、株価をさらに下落させることになるからである。このため、転換価格の下方修正には下限がつくことになるが、実はこれには強制転換条項が付帯されることが多いのである。

強制転換条項とは読んで字のごとく、ある一定の時期にあらかじめ決められた転換価格で嫌でも転換が強制されるということである。転換が強制されるときに株価がその転換価格以下に下落していけばどうなるであろうか。これは転換社債の保有者にとってはプット・オプションをショートしているのと同等の結果を生み出すことになる。

たとえば行使価格が100円だとして、株価が50円になっていたとしても、プット・オプションの売り手には行使価格100円で原株を買わなければならない義務が生じるという悲惨な結果を回避するには、そのショート・ポジションをヘッジする以外に道はない。

この場合のヘッジが、オプション・ロングの場合とは正反対のものとなり、株価が下落すればさらに株を売り、上昇すればさらに買うという動きになることは明らかであろう。オプション・ショートの場合のデルタ・ヘッジはつまり、ボラティリティを上昇させる結果をもたらすのである。

この影響が最も突出したのが国内で起きた一九九八年の金融危機であった。この時、主だった邦銀はバブル崩壊の後遺症であった不良債権の穴埋めをすべく多額の強制転換条項付優先株を発行していたのである。

邦銀の不良債権が問題視されるにつれて邦銀株価の暴落が始まる。よもや所有する優先株の強制転換価格まで株価が下落するとは思っていなかったコンバーティブル・アービトラージ・ファンドであるが、株価が強制転換価格に近づくにつれてそれまでコール・ロングでもっていたオプションがプット・ショートとなり、デルタ・ヘッジのために大量の株式を売らざるをえなくなる。これが「売りが売りを呼ぶ」という負のスパイラルとなり、オプション・ショート・ヘッジの危険性を世に知らしめる結果となったのである。

インバースETFとレバレッジETF

オプション・ショートの場合のガンマ効果が相場や個別株のボラティリティを増大させる結果となる可能性があることは前項で解説したとおりである。このような影響は実はオプションに限ったことではない。

近年その存在を大きくしているのがＥＴＦと呼ばれるものである。ＥＴＦとはExchange Traded Fundsの略であり、上場市場で株式のように取引できるファンド（上場投信）のことである。その種類は豊富であるが、市場に影響を与えるという面でインバースとレバレッジＥＴＦが解説に値する。

インバースＥＴＦとはＥＴＦの原資産と真逆の方向に動くＥＴＦを指し、たとえば日経２２５のインバースＥＴＦは、日経２２５が10％上昇した場合に、10％下落するように設計されている。

レバレッジＥＴＦはＥＴＦの原資産にレバレッジをかけて動くＥＴＦであり、たとえば日経

225の2XレバレッジETFであれば、日経225が10％上昇した場合には20％上昇することとなる。この時にETFを組成・運用している業者はどのような行動をとるのであろうか。

日経225が10％上昇した時に、ETFを保有する投資家は、自己の資産が20％増えることを期待している。つまりETFの運用者は日経225に連動した運用資産の20％の額を追加購入しなければならない。同様に日経225が10％下落した場合には、運用資産の20％を売却する。

原資産が上昇すれば買いを増やし下落すれば売りを増やすというヘッジ行動が、オプション・ショートのガンマ効果に類似していることは明らかであろう。またデルタ・ヘッジの場合と同様に、資産評価は引け後に決定されるので、この投資行動も引け間際に集中するのである。

日経225やTOPIXのインバースおよびレバレッジETFの場合には先物が取引されるので、指数先物全体の取引高に比較すればETF関連の先物売買高は（少なくとも現時点では）大きくはない。しかしETF関連の先物の売買が引け間際に集中することで、その影響が誇張される状態になっているのである。

インバースETFの場合も実はレバレッジETFを運用している場合と同様のヘッジが要求される（1Xインバースは2Xレバレッジに相当する）。

たとえば当初の運用額が100であったと仮定しよう。この場合、ETFが1Xインバース株式指数であれば、ETFに使用される先物はマイナス100である（つまり先物を100ショート）。ここで株式指数が10％上昇すれば、指数は110となり、先物はマイナス110となる（つまり10％の損失）。運用額は90になるので、これに対する必要な先物はマイナス90となり、運用者には先物20を買い戻す必要が出てくるわけである。

ガンマが原資産1％の動きに対しての運用額の調整規模を表すとすれば、レバレッジおよびインバースETFのガンマは次の方程式で計算される。

ガンマ＝（レバレッジ×（レバレッジ－1）×運用額）／100

インバースETFの場合は1Xがレバレッジ2Xに相当し、2Xインバースはレバレッジ3Xに相当するので、その法則性に従って数字をこの方程式に当てはめればガンマの計算が可能となる。

日経225やTOPIXといった株式指数のETFのリストは公開情報である。二〇一五年九月時点での最大規模のETFは、野村アセットが設定した日経平均レバレッジ上場投信（証券コード1570）であった。

日経平均の二倍のリターンが得られるとあって人気は鰻上りとなり、その取引額は時価総額最大のトヨタ株を上回るレベルまで到達、対TOPIXの売買高比率が14％に及ぶまでになっていた。

それが同年八月に始まった中国株の暴落で大きな下落を余儀なくされる。運用者がヘッジのために日経先物を売り、さらなる相場下落の要因となったことは日々の取引の詳細を追っている先物業者からの情報で後に広く知られることとなった。その後も、インバースおよびレバレッジETFの存在は、特に相場が大きく上下する時に、重要課題としてトレーダーたちの注目を浴びることが多い。

プット／コール・レシオ

市場参加者がよく話題にするのがプット／コール・レシオと呼ばれる数値である。これは上場市場で取引されるプット・オプションの五日平均売買高をコール・オプションのそれで割ったものであり、相場のセンチメントの一つの尺度とされる。プットの売買高がコールのそれよりも大きければ、オプションの投資家が相場を弱気にみているということになり、その逆は強気の見方の増大を示しているからである。

上場相場のそれは、そのまま店頭相場のそれを表していると想定することに無理はない。前述のように店頭取引では業者が反対取引を行っている場合が多く、プット・ロングの増大は潜在的にプット・ショートのガンマ効果の増大を示唆し、逆にコール・ロングの増大は、コール・ショートのガンマ効果の増大を表している。

当然、その影響はオプションの規模に依存するが、少なくとも理論的にはプット／コール・レシオの上昇は、相場の下方リスクの上昇を意味していることになり、またプット／コール・レシオの下落は、その逆を意味していることになる。

それでは日経オプションのプット／コール・レシオが上昇したときに日経225を売り、下落したときには買えばいいのかというと、この場合も例によって相場はそんなに簡単ではない。経験則からみると、実はその逆の例が多いのである。これは押し目買いと同様の現象であり、相場が大きく下落したときには反発することのほうが多いということになる。

具体的に過去一〇年間で日経オプションのプット／コール・レシオが急上昇した局面をみてみよう。プット／コール・レシオの大きい順にトップ30の例をとると、一週間後に日経平均が上昇したケースは53・3％あり、ほぼ五分五分という結果となっている。

しかし二週間後にはその比率は63・3％、一カ月後には72・4％、二カ月後、三カ月後はともに64・3％となっているのである。つまり、確率的にはプット／コール・レシオの急上昇は押し目買いの好機という結論が導かれる。

ここでも注意を要するのは、この「確率的」という言葉である。勝率64・3％ということは、リターンがマイナスになる場合が35・7％あるということで、三回に一回は負けるということである。これは決して馬鹿にできる数字ではない。

大事なことはどういう状況でプット／コール・レシオが急上昇し、その理由は何であったのかを判断することである。そしてその判断は、その時点でのマクロ環境や政策発表その他イベントの有無等、諸々の要素を考慮したうえで下されることが望ましいことは言うまでもない。

プット／コール・レシオはまたオプションのスキューとも綿密に関係している。スキューとはインプライド・ボラティリティの形状のことで、単純に言えばコールのインプライド・ボラティリティとプットのインプライド・ボラティリティの差を表し、ストライクから下の（通常は5％から10％下）オプション価格のインプライド・ボラティリティから上（通常は5％から10％）のオプション価格のインプライド・ボラティリティを引いた数値のことであり、概して％で表示される。

換言すればプット／コール・レシオが売買高の割合を表すのに対して、スキューはプットとコールのインプライド・ボラティリティの差を表している。スキューが高ければ、プット・オプションが積極的に買われているということであり、これは相場への警戒感が増大しているという事実を指しており、その逆であれば、下値警戒感の減退や、上値期待の増大を表している。

スキューがどのレベルにあれば相場は買いなのか売りなのかについて厳密な答えはない。これもオプション・トレーダーの見地に基づくものであり、恐らくであるが、その時の相場状況に依存すると思われる。

VIX指数

ボラティリティの話をするときに、避けて通れないのがＶＩＸ指数（恐怖指数）と呼ばれるものである。これは米国株式市場の代表的指数であるＳ＆Ｐ５００インデックスのボラティリティを表す指数であり、基本的には指数オプションの価格から逆算されたボラティリティに基づいて計算される。

実際の計算式は複雑であって、それをここに記すことに利はないが、短期オプションから計算されるボラティリティと考えて大きな間違いはない。つまりこれは前述したインプライド・ボラティリティであり、将来の予想ボラティリティということである。

この指数が高ければ、少なくともオプション・トレーダーたちが将来のボラティリティが高いと予想していることになり、その逆もまた真なりである。予想ボラティリティが高ければ高いほど、将来の株式市場の変動率の予想が高いということになり、前述したように、変動率が高い相場は得てして下落相場が多い。それが、ＶＩＸ指数が「恐怖指数」と呼ばれるゆえんである。

それではＶＩＸ指数が上昇したときに、相場は「売り」なのであろうか。答えはまた、必ずしもそうではないということになる。二〇〇八年九月にリーマン・ブラザーズが破綻し、サブプライム危機の象徴となったが、これを「ＶＩＸ指数が予見しえなかった」と当時、批判の対象となったことがある。

「ヒストリカルとインプライド」の項で解説したように、インプライドがヒストリカルに先んじて上昇することはめったにない。つまり、市場が下落してはじめてインプライドは上昇するのである。これはＶＩＸ指数が上昇した時にはすでに遅過ぎる場合が多いことを示している。

ちょっと考えればこれは当然のことで、そもそもオプション・トレーダーにそれほど相場を予見する能力があれば、彼等はとっくにトレーダーを辞めて個人投資家になっているだろう。

事実、ボラティリティが急上昇した後に相場が急反発するという例も後を断たない。これは、ＶＩＸ指数が急上昇したからといって株を売っていたら大損していたことを意味している。

それではＶＩＸ指数が急上昇しても、株を持ち続けるべきなのだろうか。もちろんこの答えはどれほどの期間、保有するのかにもより、またどの株を保有するのかにもよる。二〇〇八年九月のリーマン破綻を機に市場のボラティリティは急上昇したが、その後も相場は乱高下を繰り返し、結局、安定した上昇相場に入るのは翌年の三月なのである。

しかも、これは結果論であり、当時は三月で金融危機が終焉するとは誰にも予想できなかった。あのような時には、できれば株を保有しないことが賢明であっただろうし、機関投資家のように一定の比率で保有することが定められているのであれば、食料品や薬品、電力や鉄道といったよりディフェンシブな銘柄を保有するのが妥当であっただろう。

議論が錯綜したが、要はＶＩＸ指数の上昇や下降を合図に、株の売り買いを決定することは、少なくともそれだけでは決定的な根拠が欠如していると言えそうである。

ただ、ボラティリティの低下は、投資家の油断を示し、また銘柄間の相関の低さを表しているため、いつまでも続くものではない。また、「ボラティリティ」の項で説明したように、ボラティリティは平均回帰する傾向があり、市場が生きている限りゼロになることはない。つまり、ボラティリティの低下が上昇相場で起きていれば、近い将来、相場は反落するであろうし、下落相場で起きていれば、相場反発は必至である。

その反落や反発がいつ起きるかを予測するのは容易ではないが、総合的に相場をみて（たとえば経済状態や為替、金利等）どちらに動くかを判断し、反発や反落への準備を整えることは可能である。

第二章の「ＧＰＩＦ」の項で触れたが、過去にＶＩＸ指数の急上昇をシグナルとして、世界的な資金のシフトが発生した例は多い。ＶＩＸ指数の上昇をリスクの増大と捉えたアクティブ・ファンド・マネージャーが意図的に動いていても不思議ではないし、おそらくプログラム・トレーディングに使われるアルゴリズムのなかにもＶＩＸ指数やその他のなんらかのリスク・メジャーが組み込まれていることであろう。

市場の大勢がある一定の指標を使って動いているのであれば、市場はそれによって上下する。

そしてその指標の一つがＶＩＸ指数をはじめとするボラティリティ指標である可能性はきわめて高く、したがってＶＩＸ指数が急上昇するような局面では、一般論として低ボラティリティ銘柄や高配当利回り銘柄のようなよりディフェンシブな銘柄に乗り換えるのが賢明である。

要注意なのは、ディフェンシブ株からグロース株やバリュー株に戻るタイミングを判断するには、ＶＩＸ指数やその他のボラティリティ指標はあまり役に立たないということである。ＶＩＸ指数が急上昇すれば、それが数日中に大きく反落する可能性は高い。だからといってディフェンシブな姿勢を崩すことは必ずしも賢明ではない。

ＶＩＸ指数が急上昇するにはそれなりの理由があり、ＶＩＸ指数が反落しても、その理由が払拭されたわけではないことが多いからである。ＶＩＸ指数やその他のマーケット・ボラティリティ指数の歴史は、急上昇が短期間に何度も繰り返されていることを物語っている。

それでは、いつディフェンシブ銘柄からの脱却を図るべきなのであろうか。この議論は、第四章に譲ることとする。

第四章

相場の頂点とどん底

筆者の経験則では、相場の頂点を当てることのほうがどん底を当てることよりもはるかに簡単である。相場の頂点は、一般的に長い上昇相場の後に訪れる。「長い」と言ってもどれだけ長い期間を指すのかは決まっていない。ただ、相場がある程度昇り詰めると起爆剤のようにさまざまな指標が「過熱」を表示し始め、少なくとも短期的に、時にはかなり長期にわたって相場が調整する。

逆にどん底では、売られ過ぎのシグナルが点灯し、仮に短期的な反発があっても、また相場が下落するという例が多いように思う。これも人間心理が相場に反映されている良い例であろう。「利食い売り」という言葉があるように、「欲」で買っていた相場からある程度のリターンが得られると、今度は「恐怖」が台頭するようになる。これが相場が調整する理由である。いったん調整が始まると、恐怖は増幅し、かなり明白なシグナルがない限り、投資家はなかなか相場に戻ってこようとはしない。これがどん底を当てがたい理由である。人間は、「欲」を捨てることは比較的簡単にできるが、「恐怖」に打ち勝つことは容易ではないという事実の表れであろうか。

ここでは、その「欲」と「恐怖」を天秤にかける際に、つまり相場の頂点とどん底を予想するにあたって有用と思われるいくつかの指針について考察してみたい。

指針としてのボラティリティ

ある程度の上昇を相場が続けると、相場のボラティリティは低下し、それ以上の低下は過去に例をみない、あるいは数例しかみないという状況に陥ってくる。

これは危険信号であり、そんなときには先物の建玉のレベルや裁定残、後述するさまざまなテクニカル指標をチェックしておくのが賢明である。これらの指標について絶対的な基準はないにしても、歴史からみた確率的な判断を下すことはできる。

また、同時に重要な政策発表があったり、あるいは経済状態の悪化が明らかになったり金利や為替の変動が大きくなったりした場合には株式相場が急落する可能性が高く、最大限の注意が必要である。

対策としては、もっている株式をとりあえず清算してしまうか、よりディフェンシブな銘柄に乗り換えることが賢明ということになる。ディフェンシブな銘柄とは、一般的に過去のボラティリティが低位にある銘柄を指しており、食品や通信、電力、鉄道などのセクターであることが多い。

最近では、CTA（Commodity Trading Advisor）やリスク・パリティ・ファンドといった新手のヘッジ・ファンドが注目を浴びているが、CTAが概してトレンドをフォローするモメンタム・ファンドである（実際はもっと複雑であるが）のに対してリスク・パリティ・ファンドはボラティリティをその戦略の中核に置いている。

リスク・パリティ・ファンドは、一般的に株式のみならず債券やコモディティといった性質の異なる資産にグローバルで分散投資しており、ボラティリティの高い資産から低い資産へと資金を移す戦略をとっている。したがって彼等は高ボラティリティを嫌い、ボラティリティの上昇とともに資金を他の資産に移動するが、第二章の「ＧＰＩＦ」の項で触れたように、同様の戦略を株式投資に特化して行っているファンドも存在している。

これらのファンドが将来のボラティリティ上昇を先んじて察知するためにさまざまなテクニカル指標を駆使していることは想像にかたくなく、そのなかの一つが平均から大きく乖離したボラティリティである可能性は否めないだろう。

ちなみに、ここで言う株式相場のボラティリティとは、日経平均やＴＯＰＩＸといった代表的なインデックスのボラティリティのことを指す。インデックス・ボラティリティの低下の理由としては、インデックスを構成するそれぞれの銘柄のボラティリティの低下、構成銘柄間の相関の低下、あるいはその両方があげられる。

これは容易に理解できよう。仮にインデックスがたったの二銘柄、等ウェイトのＡとＢからなっているとしよう。銘柄Ａが5％上昇し、銘柄Ｂが5％下落すれば、インデックスはまったく動かず（厳密にはウェイトの変化により多少は動くが）、一日のボラティリティは0％ということになる。

通常、インデックスは多くの銘柄から構成されており、それぞれがバラバラに動くことになる。相関がプラス1であれば、すべての銘柄が同様の変動率と方向で動いたということであり、逆にマイナス1であれば、同率で逆方向に動いたということになる。実際には、相関はプラス1とマイナス1の間で上下し、他の条件が一定であれば、相関が高ければ高いほどインデックスのボラティリティは高くなり、またその逆も真なりである。

第三章の「プット／コール・レシオ」の項で述べたように、ボラティリティの急上昇は、押し目買いのサインとして使用することが可能である。しかし、リターンは概して凡庸であり、勝率も相場状況次第で良くも悪くもなる。これは第三章の「ＶＩＸ指数」の項で触れたように、特に経済状態が悪化しているときのボラティリティの急上昇は、何度も繰り返されることがあるからである。

容易に計算できないために使い勝手は悪いが、より有効な押し目買いのシグナルはここに書いている相関から得られる。これは、相関がプラス1からマイナス1の間を上下し、ボラティリティ以上に平均回帰する傾向が強いためなのかもしれない。

表8は、日経平均の一カ月「実現相関」がその六年平均から1・5σ（σの解説は、「バリュ

［表８］　日経平均構成銘柄間の相関係数が６年平均から1.5σ上回る状況で買いの場合の成績（2003年～2009年）

	10日リターン	20日リターン	３カ月リターン
平均値	0.70%	2.50%	4.90%
標準偏差	6.50%	4.40%	6.90%
勝　率	66.70%	72.20%	77.80%

エーションとテクニカル指標」の項を参照）上回った数値に到達した時点で「買い」のシグナルとし、その一〇日、二〇日、そして三カ月リターンを計算した結果である。

データは二〇〇三年から二〇〇九年までで古くなるが、勝率は上昇相場であっても下落相場であっても大して変わらなかった。ただ、「実現相関」は一般の投資家が簡単に計算できる値ではなく、その指標としての実用性は限られている。

また、これはあくまで相関が急上昇し、１・５σまで到達した場合の統計であるが、逆に下落した場合には有効な統計がない。つまり、相関を「売り」のシグナルとして使うことは困難であるということである。

そうは言っても、すべての銘柄が常に逆相関で動くということは確率的にありえない。つまり、あくまで確率的にみれば、低ボラティリティがずっと続くということはないのである。それでは何がきっかけで低相関が崩れ、銘柄が同方向に動き始めるのであろうか。

指針としての経済と政策

9・11のようなテロリストによる攻撃や、東日本大震災のような天変地異によって市場が暴落することは当然のことであるが、これらは予想がほぼ不可能なイベントであるため、ここでは除外する。

相場が大きく下落する時の一つの重要な要素が経済状態である。そして前述したように経済状態の悪化や改善を知るには、主要な指標のいくつかを追っていけば良いということを経験則は教えてくれる。ＩＳＭＰＭＩがそれであり、Ｇ７ ＯＥＣＤ ＣＬＩがそれであることはすでに述べた。これらの指標が急激に大きく悪化するようなことがあれば、市場のボラティリティが上昇すると思ってほぼ間違いない。

これらの指標の悪化を、指標が発表される前に知ることはできるのかどうかは、Ｇ７ ＯＥＣＤ ＣＬＩの場合は、その構成要素と国別のウェイトを知ることである程度の推測は可能であると第一章の「ＯＥＣＤ ＣＬＩの予備知識」の項で主張した。

製造業ＩＳＭＰＭＩの場合には、これがアンケートに基づいたものであることを想起されたい。

今後、経済状態が良好になると思えば、企業は設備投資や在庫を増やすであろうし、悪化すると思えば投資を控え、在庫の処分のために価格を下げるであろう。こういった行動のすべてが、ＩＳＭＰＭＩを直撃するのである。そしてＩＳＭＰＭＩやその他の経済指標の悪化をみた企業の責任者は、さらに企業活動を抑制する。これが下落スパイラルと呼ばれる経済悪化のメカニズムである。

もちろん、実際には企業責任者は企業の数だけ存在し、また彼らがみている経済指標も彼らの思惑も一様ではない。ただ、それぞれの人がそれなりの経験と見識をもっており、ある一定の常識を共有していると考えて間違いはない。そしてその一定の常識が満たされたとき、企業活動は停滞し、または活性化する。

その常識の一つが中央銀行の政策であり行動である。第二章の「ＦＥＤ」の項で書いているが、中央銀行は経済を安定化させるために政策決定を行うわけであるから、その決定が、中央銀行の意に反して経済を不安定化させると判断されれば、企業活動はより慎重にならざるをえない。「経済を安定化させる」と一口で言っているが、歴史的にみればＦＥＤの役目はインフレと闘うことであった。否、これは世界の中央銀行の役目であった。デフレは不況に付き物であり過去に幾度も存在したが、デフレという言葉が市民権を得たのはこの二〇年ほどのことであり、筆者が知る限り、バブル崩壊以降の日本がその震源地であった。

かくして日銀による対デフレ政策が始まり、続いて脚光を浴びたのが二〇〇八年以降のＦＥＤ

であり、ＥＣＢであった。やがてこれが黒田バズーカへと発展したことは第二章の「アベノミクス」の項で詳しく述べている。

話を元に戻すと、歴史的にみればＦＥＤはインフレと闘ってきたわけだから、経済にブレーキをかけることを主目的として金融政策を行ってきたわけである。経済にブレーキをかければ、インフレは沈静化するかもしれないが、同時に経済活動を停滞させてしまう可能性がある。

日銀の金融政策が一九八〇年代の日本のバブル崩壊の一端を担ったことは周知の事実であるが、同様に二〇〇〇年のインターネット・バブルの崩壊や、二〇〇八年の金融危機もＦＥＤによる急激かつ積極的な利上げが、その引き金を引いたであろうことは容易に想像できる。

最近の例をあげれば、二〇一五年一二月のＦＥＤの利上げが好例であろう。当時のアメリカ経済は、ＧＤＰ、耐久財受注、住宅着工、ＩＳＭＰＭＩのどれをとってもその脆弱さを露呈しており、とても利上げに耐えうるような状況ではなかった。

案の定、ＦＥＤの利上げを機に、世界的な株式暴落が始まる。利上げ当初は比較的緩やかな下落ですんでいたが、一二月の製造業ＩＳＭＰＭＩが急落し、それ以降は崖が崩れるように株式市場が崩壊する。これは日本株で特に顕著であった。

いずれの例をとっても、相場の頂点を判断する場合、その共通項は相場の状況に照らし合わせた経済状態である。相場の状況に比して経済状態が良好であると判断されれば、相場は上がり続けるであろうし、その逆であれば反落する。相場に過熱感がなく、同時に経済状態が良好であると判断されていれば、中央銀行が金融引き締めを行っても大きなマイナスにはならない。

一方、相場のどん底の判断がむずかしいのは、それが経済状態に依存しないことが多いからである。簡単な例であるが、経済状態を知るために有用な指標の一つに雇用統計というものがある。国家によって多少の相違はあるが、一般的に完全失業率が3％から4％の間で雇用状態は飽和していると判断される。つまり経済状態はそれ以上改善しないということであり、そうなると相場の頂点は近い。

ところが経済状態の悪化を考えるとき、どこまで失業率が増えるのかについては明確な答えがない。もちろん100％になることはありえないが、問題は失業率が7％の時が相場のどん底なのか、10％がそうなのか、20％なのか歴史的な答えがないということである。そして失業率がこれらのどのレベルにあろうとも、相場が急反発し、その時点が相場のどん底であったと判断される可能性があるということである。

ほとんどの場合、急反発の理由は突然経済統計が改善したからではない。経済を好転させるべく、なんらかの政策が発表されたか、後述するテクニカル要因があったからである。どのような政策がいつ発表されるかを予知することはインサイダーでもない限り困難である。ここにもどん底を「当てる」ことがむずかしい理由がある。

一般的にある政策がどのような影響を経済に及ぼすかは、政策が実施されてから数カ月後、時には数年後になってみないとわからない。したがって株式市場は実際の経済の改善ではなく、経済の改善を予期させる政策発表やその内容に反応しているのである。

ただ、相場の急反発が持続するかどうかは、その政策によって実体経済が改善の兆候をみせるかどうかにかかっている。改善が経済統計に反映されるまでに数カ月か数年かかると書いたが、実はその兆候はかなり早期に現れる可能性が高く、兆候が明確に現れる前でも、それが現れるという前提で投資行動に移るほうが賢明なことが多い。

理由は例によって、多くの者が同じ思惑で行動するからである。中央銀行が景気を刺激すべく金利を下げたり、量的緩和に踏み込んだりした場合、あるいは行政が膨大な補正予算を発表した場合、企業は景気が良くなると判断し、それを自らの投資行動に反映させるであろう。具体的には設備投資を増額したり、新規の雇用を増やしたりするわけである。

投資家も借金をしてでも価格の上昇が予想される株や不動産を買おうとするかもしれないし、一般市民も有利な金利を利用して住宅や高価な嗜好品を購入しようとするかもしれない。それらのすべてが相乗効果となって経済をさらに押し上げる結果となる。これは単なる理論ではなく、実際に起きたことであり、また起きていることである。

経済状態を指針として相場の頂点とどん底を判断するにあたって、よく引用されるのがバフェット・レシオと呼ばれる比率である。その名はアメリカの著名な投資家であるウォレン・バフェットに由来しているが、中身は株式市場の時価総額とその国のＧＤＰの比率である。アメリカであれば、Ｓ＆Ｐ５００、日本であればＴＯＰＩＸの時価総額を使用し、またＧＤＰはインフレを反映させた名目ＧＤＰを使うのが適当であろう。

このレシオの有用性は、過去に株式バブルと呼ばれた市場の崩壊が、このレシオが1近辺かそれを超えた時点で起きていることによって示される。また、大きく下落した相場が反発する現象も、このレシオが0・5近辺になった時に起きている。一方、このレシオの問題点は、相場が1や0・5を超えて上昇したり下落したりしたことが滅多にない（つまり「症例」が少ない）ことであり、また1を超えて上昇しても、それが何年も続く場合があることである。

その好例が、近年のアメリカ株式市場であり日本株市場である。これらの市場がバフェット・レシオ1・0を超えて推移し始めてから、二〇一七年一一月時点でアメリカではすでに数年、日本では少なくとも数カ月に及んでいる。

バリュエーションとテクニカル指標

ここまでは相場の頂点とどん底を相場のボラティリティや経済指標、政策対応といった観点から判断する方法を考えてきた。ここからはより伝統的な指標であるバリュエーションとテクニカル指標について解説を試みる。

ただ、一口にバリュエーションとテクニカル指標と言っても、その種類は数多く、加えてそのなかのいくつかをかいつまんでもその有効性をありとあらゆるシチュエーションや仮定のもとに検証することは不可能であろうし、歴史が完璧に繰り返さない限り、そんなことをしても恐らく無意味であろう。したがってここでは、いくつかの代表的なバリュエーション・メジャーとテクニカル・メジャーに議論を限定し、その有用性と限界を考察するにとどめる。

経済指標や政策対応が中長期の相場の動きを予見するのに適しているのに対して、バリュエーションやテクニカル指標は一般的に相場の短期予想に使用されることが多い。言うまでもなく、相場は短期で上下動を繰り返すものであり、中長期的な見方だけでは不十分であるという意見があるのは当然である。反面OECD CLI等のマクロ指標の成功を考えると、逆に短期的な見方こそ必要ないという主張もできるかもしれない。

市場の推移をチャートで表し、その形状を利用して相場の上がり下がりのタイミングを計りながら投資を繰り返す投資家はチャーティストと呼ばれ、チャートの形状とともにテクニカル指標も頻繁に彼等の判断材料となっている。

チャートの形状の使用に関して、筆者はまったくの素人であり、ここで大々的にコメントする資格はない。ウォレン・バフェットはチャートについて「逆さまにみても同じことが言える」として考えるにも値しないという姿勢を貫徹しているようであるが、彼は株式のファンダメンタルズを重要視する長期投資家であり、もともと短期投資とは無縁の人物である。

いわゆるデイトレーダーと呼ばれる個人投資家のなかには、株式に限らず、さまざまな資産でチャートを短期的に利用することによって膨大な利益をあげている人々が存在する。例によって多くの人間が同じものをみて同様に行動すれば相場も動くわけであるから、チャートの動きも馬鹿にならないが、チャートの本質が美人投票以外のところにあるかどうかは疑問である。

投資家のリターンが総合的に正規分布に近いと仮定すれば、末端には高い確率でプラスのリターンをほぼ恒常的にあげている投資家が存在しているわけで、著名デイトレーダーの多くは単に運が良かった人間であった可能性も否定できないだろう。

いずれにしても彼等の手法の正当性に関しては、無知である筆者がこの本で吟味することは適当ではない。ここでは、チャートを利用して巨万の富を得ている人間たちが存在しているということがチャートの有用性を証明しているように思えると言うにとどめておきたい。

バリュエーションとは一般的にＰＥＲ（株価収益率）やＰＢＲ（株価純資産倍率）、ＥＶ／ＥＢＩＴＤＡなどといった尺度を言う。いずれも株価や市場のレベルが企業のファンダメンタルズと比較して高いか安いかを判断するときに使われる指標である。

極端な例を除いて、これらの指標に絶対的な基準はない。市場のセンチメントに応じて変わり、個別株に関して言えば過去の水準や類似した他の株式の水準と比較して、どの水準が妥当かは、それぞれの投資家の判断に任せられる。ここでも株式市場が美人投票の場であることが明らかである。

それではこれらのバリュエーション指標が相場の頂点やどん底を示唆できるのであろうか。バリューエーションが美人投票の尺度であるのならば、答えはイエスのような気がするが、歴史的にみるとこれは必ずしも正しくないのである。言い換えれば、単純にバリュエーションを使って相場の頂点やボトムを当てようとすると少なくとも短期的には大怪我をしかねない（中長期的な有効性については後述する）。

よく言われることは、ＰＢＲ＝一倍が株価のボトムであるということである。ＰＢＲのＢは純資産の略でありＰＢＲは株価を純資産で除した割合であるから、株価が純資産を割ることはないという教科書的発想がその根底にある。この主張の間違いは、純資産は変動するものであり、株価が暴落するような局面では純資産自体が毀損するという点にある。

二〇〇八年に株式市場が暴落した時に、ＴＯＰＩＸのＰＢＲが一倍になったので、相場は買いだという意見が散見された。もちろんＴＯＰＩＸのＰＢＲはその後どんどん下落しており、この忠言どおりに株を買っていれば短期的には大損していたことになる。

株価も純資産も同様に下落するのなら、ＰＢＲは有効な指標ではないかという疑問があるかもしれない。問題は、株価は日々刻々と変化しているが、純資産という数字は会社発表によって初めて判明するものであり、その変動は概してリアル・タイムではわからないということである。したがってPBRが一倍を割って下落するという現象は、投資家が発表された過去の純資産がすでに毀損してしまっていることを予想しているから起きる現象なのである。

PERに関しても同様のことが言える。一般的にPERを指標として使う場合、分母である収益は未来のものを使う。たとえば三月を期末としている企業の場合、「今」が九月であれば、収益は翌年三月の予想値を使用することが多い。この「予想値」がどこからくるかと言うと、証券会社その他の企業アナリストの予想か、予想のコンセンサスなのである。

アナリストは担当する企業の会社予想に基づいて独自の予想を立てるのが通例である。その予想は頻繁に更新されることはなく、だいたいが四半期に一度かそれ以下の頻度ということになる。

経済状態が急激に悪化したような場合には（それは株式相場暴落の原因でもあり結果でもありうる）、会社予想もアナリスト予想もその急激な変化に大きく遅れをとることになり、PERは相場のどん底を予想するには不適格ということになる。

ここでは二〇〇八年という特異な年を例としてあげたが、それ以外の年でも株式市場暴落時には似たような現象が起きている。また、バリュエーションを使用してどん底を当てることが困難なように、頂点を当てることもむずかしい。これは純資産の変化や収益予想のむずかしさといったPBRやPERの欠点が、そのまま強気相場に関しても当てはまるからである。

テクニカル指標に関しては、現在市場で使われているすべての指標について検証したわけではないので、ここでの議論は限られたものになる。ただ、筆者の経験において、テクニカル指標だけを利用して恒常的に好成績を収めていたトレーダーは皆無であったことから考えると、恐らくその有用性も限られていると推測できよう。

テクニカル指標の難点は、一つのテクニカル指標にもさまざまなバージョンが存在し、それを相場の環境に基づいて使い分ける必要があるということである。しかも、使い分けたからといって好成績が収められるという確証はなく、将来的にはAIを駆使することによってはじめてその有効性を実証できる類のものではないかと思われる。

この前提のもとで、ここでは代表的なテクニカル指標であるRSIとボリンジャー・バンド、そして騰落レシオを考えてみたい。

RSIは相対力指数と呼ばれ、ある一定期間中の上昇時の値幅と下落時の値幅との比率を表す指数である。いわば相場の冷却感や過熱感を指数化したものであり、一般的に、このレシオが20～25以下だと買いシグナルであり、70～80以上だと売りシグナルとされる。たとえばある期間のRSIは一般的に次の計算式で求められる。

期間の平均値上幅／（期間の平均値上幅＋期間の平均値下幅）×１００

一見、この指数の有用性は高いように思われる。実際、株価やインデックスの動きをみると、ＲＳＩが20近辺まで下落した時点で反発し、80近辺まで上昇した時点で反落している例が多い。

問題は、株価やインデックスの反発は、ＲＳＩが30や、それ以上のレベルにあるときにも何度も起きており、同様に反落もＲＳＩ＝70やそれ以下でも起きるという点にある。また、ＲＳＩ＝20で買いに転じた場合、いつまで買い持てばいいのかについては明確な答えがない。仮にそれについて歴史的な検証を行っても、恐らくその時の相場状況によって千差万別であり、有意義な答えは出ないのではないだろうか。

さらに問題点を指摘すると、株式にしてもインデックスにしてもＲＳＩ＝20を割って下落を続ける場合も少なくはなく、ＲＳＩ＝80を超えて上昇し続ける例もまれではないということである。つまり、ＲＳＩが20になったから自動的に買いを入れ、80になったから自動的に売りに転じても大きな損失につながる可能性があるということになる。

また、ＲＳＩの定義からもわかるように、「ある一定期間中」とはどれくらいの期間を指すのかにも不確実性が残る。一般的には一四日や二五日が使われているが、それが最適かどうかは誰にもわからない。これも相場状況によって変わってくるのであろう。

あくまで統計的な指数であるから、たとえばある時点でＲＳＩが20以下の銘柄だけを買い、ＲＳＩが80以上の銘柄だけを売るというストラテジーも可能である。しかし、筆者が検証した限りでは、このようなストラテジーも長期にわたって一貫してプラスのリターンを生成するには至らなかった。

ボリンジャー・バンドも考え方はＲＳＩに類似した指標である。価格の動きの一定期間の標準偏差をとり、それを価格の上限と下限に設定して、そのレベルを超えた場合に売り買いを決定する。

これは価格が長期的に正規分布していると仮定したうえでのアプローチであり、その仮定のもと、標準偏差はσで表され、１σで価格が68％の確率でその偏差内に収まり、２σになると95％の確率で偏差内に収まるということになる。

たとえば、２σでボリンジャー・バンドを作成し、価格がそれを上回った場合、適合期間中にそのようなことは２％（上下で４％）しかなかったわけであるから、まれなイベントとしてその持続は困難であろうとの結論が出る。したがって、この場合は売りシグナルが点灯する。無論、価格が下回った場合には、買いシグナルである。

実際に値動きをみると、たしかに２σのボリンジャー・バンドの間を価格が上下しているのがわかるだろう。これはボリンジャー・バンドの定義から当然のことで、あくまでも過去のデータである。

ボリンジャー・バンドの問題点もＲＳＩの場合と同様である。まず「一定期間」の不確実性があり、極端な強気相場や弱気相場では、過去の「一定期間」が機能しないことが頻繁にある。また標準偏差のレベルにしても、２σが妥当なのか、１・５σが適切なのか、その時期によって異なることが多く、不透明である。

この辺も厳密な検証には恐らくＡＩの補助が必要となろう。現時点では、経験則に基づいた手探り的な方法でこの指標を使用することしかできないのではないだろうか。

いずれにしても、過去のパターンが未来も継続するという仮定のもとにおいては、ボリンジャー・バンドの方法論は正論であり、またそのような状況下では一定の成功を収めることができる。繰り返しになるが、価格が急落したり急騰したりする局面では、ＲＳＩ同様、大きく裏切られる可能性があるので要注意である。

最後に騰落レシオであるが、これはＲＳＩやボリンジャー・バンドのように個別株に対応できる指標ではなく、あくまでも相場の過熱感や冷却感を示唆する指標であり、相場をみているプロの投資家のなかにも、騰落レシオの信望者は多い。

騰落レシオも「期間」に依存し、たとえば25日騰落レシオは次の式で計算される。

［表９］ 騰落レシオとTOPIXリターン

5日リターン				
レベル	120	130	70	60
平均値	−0.20%	0.10%	−0.70%	4.20%
標準偏差	2.20%	2.30%	5.00%	8.90%
10日リターン				
レベル	120	130	70	60
平均値	−0.50%	0.90%	−0.50%	4.60%
標準偏差	3.30%	3.70%	5.20%	9.90%

（25日間の値上がり銘柄数／25日間の値下がり銘柄数）×１００

一般的にこの割合が１２０～１３０以上で買われ過ぎ、60～70以下で売られ過ぎとされているが、そのレベルに達した後の５日と10日リターンを過去一〇年間のデータで検証した結果は表９のようになっている（25日騰落レシオを使用）。

25日騰落レシオを使用した場合、押し目買いのメジャーとして63というレベルが有効性を発揮しているようである（標準偏差は大きいが）。また、その有効性は５日以内でほぼ効力を失ってしまっていることも（つまり５日リターンと10日リターンとの間に大きな差異はない）騰落レシオが短期的なメジャーであることを物語っている。

全体として、騰落レシオは相場の過熱感や冷却感を示唆する指標としてみる価値はあると思われるが、必ずしも転換点を教えてくれるわけではないとも言えそうである。

バリュエーションやテクニカル指標を利用して短期的な株価の動きを捉えること（いわゆる逆張り）のむずかしさをここまでみてきた。

第二章の「ＶＩＸ指数」の項でも論じたが、一つ言えることは同指数が急上昇するような局面（つまりバリュエーションやテクニカル指標が急低下する局面）では、世界的に投資家はリスクを嫌い、よりディフェンシブな銘柄へと鞍替えする傾向があるということである。これはより債券の性格が強い銘柄に乗り換えることを意味し、対債券での株式の売りを意味している。

また、一般的に言われる「押し目買い」の考えは、騰落レシオその他をみる限り、少なくとも部分的には機能しているようである。あくまでも確率的議論になるが、過去の例をみる限り、極端な下落相場の場合には「押し目買い」が特に利いているように思われる。

二〇一六年二月一二日に日経２２５はその25日移動平均値から12％超下落した。翌日の終値は前日終値から7・2％アップとなり、一週間後には翌日の終値よりは若干落ちて6・8％アップ、二週間後には一二日終値比で8・3％の上昇、一カ月後には13・3％の上昇となっている。

このような現象は二〇一六年二月一二日に限られたものではない。日経２２５が一日で25日移動平均を12％超下回って下落した例は一九九〇年までさかのぼって二〇一六年二月一二日以外に二七例ある。

その事例の63％が二〇〇八年の一〇月に集中しているのだから、いかに二〇〇八年一〇月が特異な月であったかがみてとれるが、この月を除いた場合の統計は、下落一日後の平均リターンが2・5％、勝率は90％、一週間後が平均4・6％、勝率100％、二週間後が平均4・3％、勝率90％、一カ月後は平均6・9％、勝率90％と、いずれも「押し目買い」が正しい戦略であったことを物語っているのである。

同様の統計は、日経225の一日下落率でランクした事例でも確認できる。これは二〇一三年五月二二日時点の統計で少し古くなるが、やはり一九九〇年までさかのぼり、日経225が一日で5％以上下落した例を集計し、下落日の終値から一日後、一週間後、一カ月後の日経225の平均リターンをみると、一日後が1・3％（勝率71％）、一週間後が3・4％（勝率71％）、一カ月後が3・5％（勝率70％）となっており、いずれも好成績である（この統計では、二〇〇八年一〇月は除外していない）。

これらの例は、前述のテクニカル指標やＶＩＸ指数を短期の転換点として使用する場合にも、あらかじめ極限値を定義し、それを利用することによってより良い結果が得られた可能性を示唆していると思われる。

言うまでもなく「極限値」のような状態は頻繁に現れるものではない。しかし、「相場の頂点や「どん底」は、そもそものような極限値を意味する言葉であり、ここでの議論は極限値の判断にどのような指標が使えるかを議論しているのに等しい。

前述したＰＢＲやＰＥＲといったバリュエーション・メジャーは、純資産や収益予想が変化するので短期的にはあまり有用ではないと結論づけたが、これらの指標にテクニカルな要素を加味することによって、実はその中長期的な有効性がある程度確認できることも指摘しておきたい。

表10は、ＴＯＰＩＸのＰＥＲとＰＢＲが、それぞれの七年平均を上回った時点、あるいは下回った時点で、ＴＯＰＩＸを売り買いしたと仮定して行った検証の結果である。

表中に「ＣＡＰＥ」とあるのはCyclically Adjusted Price Earnings Ratioのことであり、ＰＥＲを計算するにあたって単年の利益を使用するとその変動が大きいので、過去一〇年間の平均利益を分母とした結果の数値である。厳密にはＣＡＰＥの計算には平均利益にインフレ率を加味したものが使われるが、ここでは過去十年の日本のインフレ率がほぼゼロであるという理解のうえで簡素化している。対して表中の「未調整ＰＥＲ」とはＣＡＰＥではないＰＥＲ、つまり単年利益を使用して計算したＰＥＲを指す。

また、なぜ過去七年平均からの乖離を使い、それ以上ではないのかという疑問が生じるであろうが、これは単純にそれだけのデータが存在しなかったという理由である（七年平均からの乖離をみるには、ＣＡＰＥの場合、一七年前からのデータが必要であるため）。ちなみに過去五年平均から

[表10]　PERとPBRに従ったTOPIX売買の成績（2010年9月〜）

CAPE					
	3カ月後	6カ月後	1年後	2年後	3年後
平均値	2.0%	3.1%	8.6%	30.1%	58.5%
中央値	1.4%	2.8%	5.6%	37.7%	56.6%
標準偏差	9.9%	16.0%	25.6%	31.3%	35.9%
未調整PER					
	3カ月後	6カ月後	1年後	2年後	3年後
平均値	2.5%	4.7%	13.3%	33.6%	58.1%
中央値	2.8%	3.3%	10.7%	37.7%	56.6%
標準偏差	9.8%	15.6%	23.5%	27.5%	36.6%
PBR					
	3カ月後	6カ月後	1年後	2年後	3年後
平均値	2.3%	3.5%	8.9%	26.3%	56.7%
中央値	1.9%	3.1%	4.5%	35.0%	56.2%
標準偏差	10.1%	15.9%	25.5%	33.7%	38.6%

の乖離もテストしたが、結果に大きな違いは認められなかった。

表10の結果が何を意味しているかというと、CAPE、PER、PBRともに平均に回帰する傾向が強いということである。平均に回帰するがゆえに、平均を下回って乖離した場合に「買い」、平均を上回って乖離した場合に「売り」を入れるという単純な作業を繰り返すだけで、利益が出るのである。

[表11]　PBRに従ったTOPIX売買の成績（1998年５月〜）

	PBR				
	３カ月後	６カ月後	１年後	２年後	３年後
平均値	0.7%	2.2%	5.3%	18.2%	29.4%
中央値	0.6%	2.6%	2.4%	21.1%	39.7%
標準偏差	10.4%	15.9%	23.5%	32.4%	39.7%

例によって現実はそう簡単ではない。三年後のリターン以外は標準偏差が高く、リターンが正規分布していると仮定すれば、確率的にリターンがマイナスになることも考えられるのである（たとえばＣＡＰＥの場合、68％の確率で3カ月後リターンはマイナス7・9％からプラス11・9％の間に収まる）。

それでは三年後まで待てば良いではないかという意見が出るであろう。しかし、これも実は観測の期間に依存している。

表10の観測期間は二〇一〇年九月以降であり、リーマン危機を乗り越えた市場はアベノミクスの恩恵も相まってほぼ右肩上がりであった。この観測期間を一九九八年五月までさかのぼったのが次の表11である（データ不足によりＰＢＲのみを表示）。

依然として二年後、三年後の成績は良いが、リターンは二〇一〇年九月以降のそれを大きく下回っていることがわかる。

第五章

市場を動かすその他の要因

外国人投資家

東京証券取引所のホームページには「投資部門別売買状況」という統計があり、国内の個人や法人、外国人投資家等がどれだけ株式その他を売買したかが毎週アップデートされている。小型株にあっては個人の影響力は馬鹿にならず、大型株であっても、第二章の「ＧＰＩＦ」の項でみたように、国内法人の動きが時には大きな影を市場に落とすことがある。

しかし、株式投資を語る場合、最も重要なのは何と言っても外国人投資家の動向である。これは市場全体の取引高の3分の2を外国人投資家が占めていることと、外国人投資家の投資スタイルに起因している。

一口に国内法人と言ってもさまざまな機関や組織があるように、外国人投資家も多様であるが、大別すれば年金とヘッジ・ファンドということになるだろう。年金のなかにもヘッジ・ファンドに投資している機関もあり、この二者は必ずしも二者一択ではないし、ヘッジ・ファンドにもそれぞれの方法論があるので複雑であるが、ここでの議論でその区別の必要はない。

筆者は約四半世紀を証券業界で過ごしたが、そのうちの四年間はアメリカでも十指に入る公的年金基金に勤務した。その基金での当時の資産運用は、ほぼ１００％インハウスで行われており、数名のポートフォリオ・マネージャーがそれぞれの専門性をもって世界中の株式に投資し運用していた。このようなアプローチは現在でも続いており、他の公的年金基金でも似たような資産運用をしていると思われる。

投資の基本は、アセット・アロケーション、カントリーあるいはリージョナル・アロケーション、セクター・アロケーション、個別株アロケーションと、マクロからマイクロに落とし込むことである。

アセット・アロケーションは債券や株式といった性格の違うアセットにどの割合で投資資金を振り分けるかを決めるプロセスであるが、この決定はアメリカの年金基金を総括してみている組織に外注しており、年に一度決定される事項であった。

第一章の「OECD CLIの予備知識」の項では大雑把にアメリカの年金基金はその資産の50%以上を株式に投資していると書いたが、筆者が従事していた年金では、その割合はほぼ恒常的に60%から70%であった。インターネット・バブルが崩壊しつつあった時期に年金資産の60%以上を株式に投資するという姿勢を当時は非常に疑問に思ったものであるが、長期的な視点からそのアセット・アロケーションは間違っていなかったことになる。

次のカントリーあるいはリージョナル・アロケーションとは、どこの国の株式に、またはどこの地域の株式にどれだけの資産配分を行うかの決定である。この決定には、各国や各地域の政治や経済といったマクロ的な観点と、企業統治や株式市場の傾向や総合的バリュエーションといったマイクロ的な要素を考慮する必要があった。

この決定はインハウスで行われており、四半期ごとに各ポートフォリオ・マネージャーがプレゼンテーションをしてそれぞれの考えをぶつけ合い、吟味するというアプローチであった。最終的にはそれらの意見を総括し、株式部門の最高責任者が決定を下すのであるが、相場環境が急変しているような状況下では、カントリー・アロケーションの見直しが四半期より多くの頻度で行われることもあった。

そこから先のセクター・アロケーション（業種ごとの資産の振り分け）と個別株アロケーションは各ポートフォリオ・マネージャーの分別に任されており、彼等の責務は、自らが構築したポートフォリオでベンチマーク（たとえばMSCIジャパン・インデックス）をリスク許容度の範囲内でどれだけアウトパフォームできるかということになる。

以上は、米国年金基金での経験であるが、グローバルに投資を展開しているヘッジ・ファンドのような組織でも、そのアセット・アロケーションのプロセスは似たようなものと思われる。

ここまで書けば、外国人投資家がなぜ相場に大きな影響力をもっているかが推測できるだろう。つまり彼等はカントリー・アロケーションを決定する時点で、大きく資金を移動するのである。日本株に強気であれば、日本の株式市場に巨額の資金が流れ込み、弱気であれば多くの資金が引き上げられる。結果として相場の上昇と下降を左右することになる。

対照的に日本の国内機関投資家は概してこれとは逆の動きをする。日本株に投資する国内機関投資家の場合、外国人投資家のカントリー・アロケーションにあたるのはアセット・アロケーションである。基本的にこれは一年に一度かそれ以下の頻度で決定され、その時に債券に何パーセント、株式に何パーセント、その他に何パーセントの資金を投資するかが決まってしまう。

株式市場が上昇すれば時価総額が増大するから総資産内のウェイトが上昇し、事前に決められていた率を超えてしまう。したがって国内機関投資家は株式を売ることによる調整を余儀なくされるのである。株式市場が下落すれば、その逆のアクションを起こさなければならない。

外国人投資家が順張りであり、国内の機関投資家が逆張りであると言われるゆえんがここにある。外国人投資家は相場を動かし、ボラティリティを増大させる役目を果たしているが、対して国内機関投資家は期せずして相場を安定させ、ボラティリティを減少させる役割を負っているのである。

ちなみに過去二〇年間の日経平均の動きを日本の市場が開いている時間とオーバーナイトでアメリカの先物市場が開いている時に分けてみると、その動きのほとんどがアメリカその他の先物市場の動きに依存していることがわかる（つまり、日本株の大引けから翌日の寄り付きまでの間でその動きのほとんどが決まっている）。この事実だけでもいかに外国人投資家の動きが重要かを把握できよう。

それではそれほど重要な外国人投資家の動きをどう利用すれば日本株市場で利益をあげることができるのであろうか。実はこの議論に本書のエッセンスが集約されていると言っても良いだろう。

なぜなら前述したように外国人投資家は千差万別であり、そのさまざまな投資スタイルが相場の転換点に寄与し、影響を与えているからである。そしてそのスタイルの多くは、本書で紹介している多くのテーマとなんらかの強い関係性をもっている。

第一章の「OECD CLIの予備知識」の項で記述したように、OECD CLIの上下と外国人投資家の動きは連動性が高い。それだけ外国人投資家はマクロ経済の動きに敏感であるという証拠である。加えて政策決定の内容にも外国人投資家は注視している。これは本書で解説した経済と政策決定の関連性を考えれば当然の帰結であろう。

また第三章の「VIX指数」の項では、ボラティリティの急激な増加とグローバルな資金移動の相関についても述べた。海外のヘッジ・ファンドのなかには、リスク・パリティ・ファンドのようにボラティリティを最大の基準として投資決定を下しているファンドも多い。彼等にとってはまさに市場の高ボラティリティが低ボラティリティ銘柄への資金シフトのシグナルとなっているのである。

もちろん外国人投資家が常に正しいわけではなく、彼等のなかにも失敗者がいることは浮いては消えるヘッジ・ファンドの数をみれば明らかであろう。外国人投資家に盲従せよと言うつもりはさらさらないが、例によって株式市場は美人投票であり、巨額の資金が動けば否が応でも株式市場が一方向に動くことは自明の理である。

銘柄選択の観点から書けば、外国人持株比率を参考にするのが良いかもしれない。外国人持株比率は、企業各社が年に一度、有価証券報告書や株主に向けたレポートなどで公表している数字である。この数字を過去の数字と比べることで、外国人持株比率の増減が何と連動しているのかがだいたいではあるが確認できる。

グローバル経済が低迷しているときには、日本株は得てしてアンダーウェイトになることが常套である。このような場合、TOPIX CORE30指数銘柄や、その他の時価総額の大きい代表的な銘柄は外国人投資家によって売られていることが多い。したがって、経済が回復期にあるとか、日銀が大々的な金融緩和を行うとか、株式にとってポジティブな要因が予想されるときには、これらの売られた銘柄を買っておくことである。

事実、外国人持株比率の変化と株価の変化には、年単位でみるとポジティブな相関があることがわかる。無論、個別銘柄を動かす要因は外国人持株比率だけではないから、それぞれの銘柄のその他の特性をチェックしたうえで投資判断を下すことが賢明であろう。

ファクター分析

株式をさまざまなファクターによって区別し、相場の状況に鑑みて資金配分のウェイトを決定するというのが一般的な機関投資家が行う作業である。多くの機関投資家の目標は与えられたインデックスを、インデックスからあまり乖離することなく（トラッキング・エラーを一定の範囲に収めて）、アウトパフォームすることであることを思い出していただきたい。

ファクターを利用してポーフォリオの構成を変えることによって、機関投資家はこの目標を達成せんとする。ファクター分析あるいは広義的にクォンツ分析と呼ばれるこの方法には長い歴史があり、また方法としても洗練されたソフトウェアが使用されることが多い。

世に言うクォンツ・アナリストやポートフォリオ・マネージャーのなかには、ファクター分析にそのキャリアの大半を費やす者も珍しくない。「ファクターを制する者、相場を制す」と言っても過言ではなく、その幅も奥行きもこの書物の数ページでカバーしきれるものではない。したがってここでは、日本株市場を知るためにきわめて重要と思われるいくつかの事項を語ることにとどめておく。

ファクターは、個別株がもつ「性質」であるから、極端に言えばどんな性質でもファクターとなりうる（たとえばその企業の純資産に対する債務の割合や、海外からの旅行者の数に対する収益の感応度等々)。しかし実務上、考えうるだけのファクターを使用することは困難であるし、あまり意味もない。

また、多くのファクターはオーバーラップしており、相互に依存していることも事実である。したがって、一般的には伝統的ないくつかのファクターで分析を行い、その結果をポートフォリオに当てはめるということになる。

伝統的なファクターとは、第四章「相場の頂点とどん底」で紹介したPERやPBRであり、加えて配当利回り、ベータ(対インデックス感応度)、収益モメンタム、株価モメンタム、ボラティリティ、収益予想変化、ROE、ROA、時価総額などが考えられるが、これらに限られたものでもなく、各々の投資機関やポートフォリオ・マネージャー、クォンツ・アナリストたちの判断と裁量に任されている。

これらのファクターはまた類似した性格別に大別され、バリュー・ファクター、クォリティ・ファクター、モメンタム・ファクター、そしてテクニカル・ファクターとして銘柄の選定や相場の分析に使用されることも多い。

バリュー・ファクターは文字どおり個別株が相対的に安いか高いかを判断するときに使われるファクターである。クォリティ・ファクターは個別株が優良株なのかそうでないのかを判断する材料となる。モメンタム・ファクターは相場が一方向に動いているときに、個別株がその動きに

「乗っている」のかどうかを判断するのに役に立つ。テクニカル・ファクターは読んで字のごとく、個別株のテクニカルな面を理解するのに便利なファクターである。

典型的なファクター分析は、株式のファクターを抽出し、それが一定の期間にどのようなリターンを創出したかを計算することで行われる。抽出の仕方はさほど複雑ではなく、与えられたインデックスの構成銘柄をそのファクターあるいは性質ごとに選別し、その上位10％なり、10銘柄なりを選定することで遂行される。

たとえば日経225をベンチマークとし（実際には日経225をベンチマークとしている機関投資家は少ないが）、ファクターとしてのPBRのパフォーマンスをみたい場合、225銘柄をPBRの低い順から20銘柄ほど選び出し、その単純平均パフォーマンス、あるいは加重平均パフォーマンスをみるという作業が行われる。

この際、選出された銘柄数があまり少ないと個別銘柄の特異なパフォーマンスが反映されてしまい、ファクター・リターンの結果がゆがめられてしまう可能性が高くなる。また銘柄数があまり多いと、ファクター自体の寄与度がぼやけてしまい、有意な結果が得られない。一般的には上位10％ほどが理想的であるが、これも黄金律があるわけではないので、臨機応変に判断するのが賢明であろう。

また、伝統的なファクター分析を行う場合、セクター・ニュートラルというアプローチを選択することもよく行われることである。株価のパフォーマンスは概してその企業が所属するセクターのパフォーマンスに依存する。つまり、セクター自体がファクターとして存在するわけである。

このファクターとしてのセクターの影響力を除外し、より「純度」の高いファクター分析にするために、各セクターから均等に伝統的ファクターを取り出し、そのパフォーマンスをみるのがセクター・ニュートラル・アプローチである。

セクターの影響を除外したほうがより「純度」が高いことは歴然としているが、このアプローチはセクターの選別にも依存しており、それには恣意的な要素が含まれていることも要注意である。たとえばTOPIXの33セクターはよく知られており、これらのセクターは指数化され、なかには先物すら存在しているものがあるが、これよりもより大まかなセクター分類も存在しており、またMSCIジャパンにも異なるセクター分類がある。

言うまでもなく、どのセクター分類を用いてセクターの影響を除外するかによってファクター・パフォーマンスは異なってくる。そしてセクター・ニュートラルのアプローチをとらなければ、さらに結果は異なる。

ここで紹介するファクター・パフォーマンスは、MSCIジャパンのセクターの影響を極力排除した分析の結果である。したがって、他のインデックスのセクター・ニュートラル分析とは結果が異なる可能性があることに留意されたい。

それでは長期投資の尺度として、日本株市場ではどのファクターに投資すればより優れたリターンを得ることができるのであろうか。二〇〇六年一月から二〇一四年の一月までの結果に限って言えば、バリュー・ファクターが最も有効なファクターということになる。

より具体的には、PBR（PBRの低い銘柄に月ごとに投資したと仮定）、次いで配当利回り（配当利回りの高い銘柄に月ごとに投資したと仮定）の累積リターンが最も優れていた。これは日本に限ったことではなく、長期的にはアメリカでもヨーロッパでも同様である。

PBRが低いということは、ある程度その株式が売られ、企業の純資産に対して株価が下落しているということである。また、配当利回りが高いというのも株式が売られ、その企業の配当と比較して株価が安くなっているということである。

つまりバリュー・ファクターが有効であるということは、株式を安く買って高く売るという基本的な投資方法が有効であるということを言っているにすぎない。この黄金律が日本でもアメリカでも、ヨーロッパでも有効であることはなんら不思議ではないわけである。

興味深いのは同様にバリュー・ファクターであるPERがあまり機能していないことであろうか。第四章「相場の頂点とどん底」で言及したように、この場合のEには過去の収益よりも未来の収益予想を使うことが多いが、これはそれだけ投資家が未来予想に対して不信感を覚えていることの象徴かもしれない。

ＰＢＲと配当利回りの次に有効なのは「季節性」である。第一章の「季節性」の項で、日本株市場全体としての季節性について書いたが、この季節性は個別株にも存在する。これはかなり大きなテーマであるので、後に別項として説明するが、この個別株の季節性をよく表しているのが季節性のファクターとしての好調なパフォーマンスであろう。ちなみにここで言及している「季節性」ファクターは、過去数年間にわたる対象銘柄群の月別または季節別の平均リターンを計算し、その良し悪しを基準に銘柄を抽出することで識別される。

次いで有効であったのが、収益予想変化であった。これは過去一カ月間に発表されたアナリストによる収益予想の上方修正と下方修正の割合を導き、上方修正の割合が高い銘柄に投資するというストラテジーである。大手の証券会社のアナリストの予想が株価に大きな影響を与えることは多々みられる現象であり、したがってこのファクターが有効であることも驚くに値しないであろう。

逆に有効性の低いのがＲＯＥやＲＯＡといったクォリティ・ファクターである。

ＲＯＥはReturn on Equityの略であり、株主資本利益率とか自己資本利益率と訳される当期純利益と株主資本（自己資本）の割合である。

ＲＯＡは、Return on Assetの略であり、総資産利益率と訳される。こちらは当期純利益を総資産（総資本）で割ったものであるが、ROEやROAといった割合は、要は投下資本に対して企業がどれだけ利益をあげているかの尺度であり、それがクォリティ・ファクターと呼ばれる理由である。

つまり、ROEやROAの高い銘柄は「質」の良い銘柄とされ、この場合のファクター・リターンは良質な会社に投資したらどういったリターンが得られるかを測定したものとなる。

それでは、なぜこの二つのファクターのリターンが劣勢なのであろうか。ここにも売買の基本が顔を出す。ROEおよびROAに登場する当期純利益が過去のものであることに注目したい（JPX400指数などは、その構成銘柄選定にあたって過去三年の平均ROEを使用している）。過去に高い利益をあげている企業が、さらに高い利益をあげ続けることは至難の技なのである。

株式投資はある意味、企業の成長性や利益の改善率に投資するものであって、成長があまり見込めない企業に進んで大金を投じ、高いリターンを期待するのは矛盾している。ROEやROAの高い企業に代表される「良質」な企業は、概してすでに利益を改善できるだけ改善してしまった企業であり、高いリターンが望めないと判断されるため、これらの企業の株価パフォーマンスはほぼ恒常的に劣勢となる。

一方、ROEやROAの「変化率」も実はファクターとして使用される。これらのファクターは企業の「改善度」を量る尺度であり、したがってファクター・パフォーマンスは概して元の

ROEやROAより良好である。

ここでは長期投資の尺度としてのファクター・リターンの分析と議論を展開したが、短期的なファクター・リターンは当然異なる。強気相場のとき、弱気相場のとき、そのどちらでもないときで、どのファクターが有効になるかが大きく異なるからである。

単純化した構図を言えば、強気相場の時（特に初期の段階）に有効なファクターはベータやPBRであり、その後に収益予想変化や株価モメンタムといったモメンタム・ファクターが台頭する。弱気相場の時には「質への逃避」という言葉が表すようにROEやROA、時価総額、そして配当利回りが優勢となる。

また、相場の転換期に有効なのはリバージョン（平均回帰性）である。モメンタム・ファクターとは過去の改善率（株価や利益）が未来も継続するという仮定に基づくファクターであり、これが経済や相場の回復期に有効であることが納得できよう。逆にリバージョンとは、それまで優勢であった株価パフォーマンスが劣勢であったものに取って代わられる現象を捉えるファクターであり、これが相場の転換期に有効であることも理解にかたくない。

ファクター・リターンの季節性については、相場全体に季節性があるならば、それぞれのファクターに季節性があるのが道理である。あくまで過去データの検証であるが、表12が月ごとに最も優勢であったファクターと劣勢であったファクターの要約である。

[表12]　月ごとの優勢ファクターと劣勢ファクター

	優　勢	劣　勢
1月	PBR	1カ月株価モメンタム
2月	PCF	12カ月株価モメンタム
3月	PBR	1カ月株価モメンタム
4月	PBR	時価総額
5月	対セクターPER	PCF
6月	12カ月ROE変化率	ベータ
7月	利益モメンタム	対セクターPER
8月	60日ボラティリティ	ベータ
9月	60日ボラティリティ	ベータ
10月	ROA	1カ月株価モメンタム
11月	EPS伸率	PCF
12月	ベータ	60日ボラティリティとROE

議論をより明確にするために、表中のいままで紹介していないファクターについて説明したい。

「1カ月株価モメンタム」とは、前月と当月との間でパフォーマンスの良かった銘柄の集合体から抽出されるファクターを指す。前述したように、ここでのファクター分析の母体はMSCIジャパンの構成銘柄であり、各々のファクターは母体のトップ10％とボトム10％の銘柄を選定することで決定されるので、「1カ月モメンタム」の場合、前月と当月の一カ月の間の株価上昇率が上位10％に入る銘柄（約30銘柄）をロング、下位10％をショートすることで計算される。

「12カ月株価モメンタム」も同様であるが、これは一二カ月前から計算した一年間で株価の上昇率が高かった銘柄の集合体をロングし、低かった銘柄をショートすることで計算される。

ＰＣＦはPrice to Cash Flowの略であり、企業の時価総額をそのキャッシュフロー（ここでは営業活動を通して企業に流入する現金の総額）で割った割合である。時価総額は株価に正比例しているので、ＰＣＦはＰＢＲやＰＥＲと同様にバリュー・ファクターであり、ここではＰＣＦの低い順にロング銘柄が選ばれ、高い順にショート銘柄が選定される。

「時価総額」は株価に発行済株式数を掛けることで求められ、ここでは時価総額の大きい順にロング銘柄、小さい順にショート銘柄となる。

「ベータ」は与えられた指数との感応度を表す指標であり、個別株のベータが1であれば、その株式は指数に１００％連動しており、それ以上であれば指数の上昇時に指数をアウトパフォームし、下落時にはアンダーパフォームする。ベータが1以下であれば、その逆である。あくまで過去のデータに基づいたものであり、ここでは過去二年間のベータが使われている。ここでの銘柄の選定は、ベータの高い順にロング銘柄、低い順にショート銘柄となる。

「対セクターＰＥＲ」は文字どおりセクター内におけるＰＥＲであり、ＰＥＲの低い順にロング銘柄が選定され、その逆をショート銘柄とする。

「12カ月ROE変化率」は過去一年間のROEの改善率を表し、改善率の高い順にロング銘柄が選ばれ、ショート銘柄は改善率の低い銘柄となる。

「利益モメンタム」は過去三カ月間の利益の改善率で測り、モメンタムの高い順にロング銘柄が選定され、低い順にショート銘柄を選び測定する。

「60日ボラティリティ」は文字どおり過去六〇日間のデータを使って計算されたヒストリカル・ボラティリティであり、ここではボラティリティの低い順にロング銘柄が抽出され、高い順にショート銘柄を選出する。

「EPS成長率」は当年度から来年度にかけてのEPS（一株当り純利益）の成長率をコンセンサス予想に基づいて計算したもので、成長率の高い順にロング銘柄が選出され、低い順にショート銘柄が選ばれる。

繰り返しになるが、ここで計算されるファクター・リターンはロング銘柄の単純平均リターンからショート銘柄の単純平均リターンを引いたものである。

過去のデータを使ってある程度の結論を導き出す場合、注意すべきはその結論が偶然の賜物なのか必然的な理由づけができるのかという点である。たとえばこの書籍で何度も言及しているOECD CLIと日本株市場の高い連動性は、単に歴史がそうであるばかりではなく、OECD CLIが各国の経済指標に基づいているという事実があるからこそ説得力があるのである。

ファクター・リターンの季節性についても同様のことが言える。

第一章の「季節性」の項で言及したように、日本株市場全体をみた場合、一二月のリターンが突出して良く、一月のそれははるかに劣る結果となっている。これはとりもなおさず一二月にはベータの高い銘柄を買っておけば市場全体の高いリターンの恩恵を受けるであろうことを示唆している。

概して高ベータの反対のファクターは低ボラティリティであるため、表では低60日ボラティリティが「劣勢」なファクターとして登場している。またクォリティ・ファクターである高ROEも同等に劣勢であることに注目したい。

転じて一月、二月、三月、四月と好調なのはPBRやPCFといったバリュー・ファクターであり、低調なのがモメンタム・ファクターである。一一月、一二月と好調であった株式市場が、特に近年は一月に調整を迫られることが多くなった。

そこまで好調であった株式を売り（つまりモメンタムの売り）、物色対象を価格の「安い」バリュー株へとシフトする。ここで起きているのはリバージョンである。

また、多くの海外投資家にとって一月が年度の始まりであることも関係していると思われる。とりあえず年の始めに「安い」株を買っておく。例によって「安く買って高く売る」の原則がここでもその姿を現している。その後のファクター・リターンも概して説得力のあるものになっていると思われる。
五月になると相場全体の成績が悪くなり、物色対象はセクター内での「安い」銘柄へと移行する。六月、七月は三月決算の企業の期末利益が出揃う頃で、また株主総会が開かれる月でもある。結果として「業績」に関連したファクターが良好なパフォーマンスをみせることとなっている。

八月、九月は一二月の逆であり、相場全体のリターンが悪いため低ボラティリティ銘柄が買われ、高ベータ銘柄が売られるという結果になっている。一〇月のトップ・ファクターはクォリティ・ファクターであるROAであり、モメンタムが売られている。八月、九月と低調であった市場が、一〇月になって若干のリバージョンをみせることが多いことが一因であろう。

一一月は半期決算の発表月であり、ここでも業績ファクターであるEPS伸率が良好なパフォーマンスを記録している。業績が注目されているときには、得てして「価格」が軽視されるようで、バリュー・ファクターであるPCFが売られる傾向にある。

注意を促したいのは、ここに登場するファクター・リターンは二〇〇八年から二〇一五年までの七年間における勝率に基づいたランキングであり、そのトップとボトムしか表示されていないということである。僅差で次席となったファクターはここには掲載されていないが、期間によってはそれらのファクターがトップやボトムになる可能性もあり、それには当然それなりの理由が存在している。

ファクター・ローテーションを判断するにあたって、市場のセンチメントと季節性が重要であると述べた。いずれの場合も、そこにはマクロ的な理由や事象が介在しており、純粋なファクター・ローテーションというよりは、マクロ指標や季節のローテーションと呼ぶほうがふさわしいかもしれない。

それでは、市場のセンチメントも季節性も考慮に入れずにファクター・ローテーションをみた場合に、どれほどの頻度でそれは起きているのであろうか。

検証として、ここで紹介したファクターのうち、所定の期間でいちばんリターンが悪かったファクターをその次の期間でロングするストラテジーを考察してみる。観測期間として考えるのは、一カ月、二カ月、三カ月、四カ月、五カ月、そして六カ月である。

ローテーションが起きているなら、最悪のファクターが最善まではいかないにしても次の期間にある程度のプラス・リターンを記録するはずである。

検証は二〇〇五年末から二〇一四年の中期まで行ったが、前述したすべての観測期間で、元のインデックスであるＭＳＣＩジャパン指数をアウトパフォームするという結果が得られた。なかでも特に優れたパフォーマンスを記録した期間は三カ月であり、これはファクター・ローテーションが概して三カ月ごとに起きていることを物語っていると思われる。

ただ、例によってこのストラテジーも万能ではなく、相場が非常に悪いときには元インデックスをアンダーパフォームする時期が散見される。二〇〇七年中盤から二〇〇八年末や、震災後の二〇一一年などがその時期であるが、悪いリターンを記録したファクターが、市場のセンチメントが悪化するにつれて、ますます悪いリターンを記録するというパターンが明らかである。

つまり、ファクター・ローテーションは一般的には四半期ごとに起きていると考えられるが、このパターンに盲従することは危険であり、やはり市場のセンチメントや季節性を考慮に入れることが、パフォーマンスを最適化するには重要であるという結論が導き出されそうである。

セクター・ローテーション

前項では、日本株市場では一般的にファクター・ローテーションが四半期ごとに起きていることに言及し、またそれには一定の季節性が存在していることを指摘した。そこでのファクター分析には、セクター中立のアプローチを使っていたが、セクター自体にも市場の動きに応じて頻繁なローテーションが生じており、またある程度の季節性が存在する。

言うまでもなく、セクター・パフォーマンスはその構成銘柄の性質に依存し、その性質はファクターによって特定されるので、セクター・パフォーマンスとファクター・パフォーマンスの間には深い相関がある。

たとえば、証券セクターは大手の証券会社に代表され、その多くは高ベータ、高ボラティリティ銘柄である。逆にほとんどの局面で食品セクターや通信セクターなどは低ベータ、低ボラティリティである。

セクター・ローテーションの頻度に関してはその時の相場状況によるので、一概には言えない。経済の回復期には、シクリカル・セクターが数カ月にわたってアウトパフォームするであろうし、反対に衰退期にはディフェンシブ・セクターのアウトパフォーマンスが継続するであろう。また、シクリカル・セクターやディフェンシブ・セクター内でもローテーションが起きており、これも相場状況や時の話題、季節性、そして各セクターのバリュエーションに依存する。

一般的にセクターは大きくシクリカル・セクターとディフェンシブ・セクターに分けられる。シクリカル・セクターは、景気敏感セクターとも呼ばれ、銀行や自動車、機械、電気機器、鉄鋼、建設、不動産、証券等がその範疇に入る。基本的にこれらのセクターのパフォーマンスは比較的高いボラティリティを記録することが多い。

ディフェンシブ・セクターは業績があまり景気に影響されない企業からなるセクターであり、食品や薬品、通信や陸運などがその例である。これらのセクターは基本的に低ボラティリティ・セクターである。

注意すべきは、これらの篩い分けは、絶対的なものではないということである。場合によっては、通常はシクリカルであるセクターがディフェンシブになり、ディフェンシブなセクターが高ボラティリティの性質を帯びることもありうる。

その典型は二〇一五年であろう。この年の第1四半期（一月から三月）はGPIFの動向に翻弄された時期であったが、その後は主に中国から大挙して押し寄せたいわゆるインバウンド・ツーリストの話題が沸騰した年であった。

中国からの旅行者が日本製の家電や化粧品、薬品、食品等を爆発的に買っている（「爆買い」と呼ばれた）との報道や噂で小売株、化粧品株、薬品株、食品株が高騰し、高バリュエーションを交えてさながらバブルの様相を呈していたのが、二〇一五年五月から七月にかけてであった。ところがそのバブルも八月に起きた中国株の暴落とともに崩壊する。本来ならばディフェンシブであったはずの食品株や薬品株、小売株などが軒並み急落し、まったくディフェンシブではなくなってしまったのが二〇一五年後半だったのである。

表13は、二〇〇四年にさかのぼって平均値を計算した月ごとの対TOPIXセクター・リターンのランキングTOP5である。ここでのセクター・リターンとはインデックス化されたTOPIX33セクターのリターンを指している。

あくまで平均リターンであるから、ある年に異常事態が発生し、突出したリターンが生ずれば、それに影響される可能性がある。また、それぞれのセクター・インデックスは構成銘柄の時

[表13]　月ごとの対TOPIXセクター・リターンTOP 5（2004年～）

	1	2	3	4	5
1月	建設業	総合商社・卸売	海運	鉱工業	空運
2月	石油・石炭	海運	ゴム製品	鉄鋼	保険
3月	消費者金融	倉庫・港湾	小売	金属商品	その他商品
4月	ゴム製品	不動産	消費者金融	石油・石炭	漁業・農業・林業
5月	海運	精密機器	漁業・農業・林業	総合商社・卸売	鉄鋼
6月	電力・ガス	陸運	建設業	倉庫・港湾	漁業・農業・林業
7月	ゴム製品	精密機器	薬品	非鉄金属	総合商社・卸売
8月	空運	電力・ガス	薬品	陸運	サービス業
9月	ゴム製品	精密機器	鉄鋼	不動産	機械
10月	不動産	建設業	消費者金融	自動車	証券
11月	紙・パルプ	証券	繊維・衣服	電力・ガス	ガラス・陶器
12月	鉄鋼	証券	石油・石炭	紙・パルプ	倉庫・港湾

価総額加重平均で成立しているので、比重の大きな銘柄にそのパフォーマンスが左右される結果となっている。

これらの留意点をふまえたうえで表をみても、TOP5に顔を出しているセクターにはそれなりに説得力のあるものが散見される。そして、その説得力は必ずしも業績に基づいたものではなく、月ごとの性質や話題性に基づいたものが多いことが興味深い。

たとえば一月であるが、年の初めであり、多くの企業も投資家も心機一転新たな取引を開始したり、事業を立ち上げたり等を行う月であるとのイメージが強い。多分にもれず一月のトップにきているのが建設業であり、次いで総合商社・卸売、海運、鉱工業、空運というセクターがTOP5入りしている。

二月はまた日本ではいちばん寒い月であり、化石燃料の需要が多い月である。石油・石炭セクターがトップを飾っていることに違和感はない。

三月は多くの企業にとって年度末であり、またほとんどの学校にとっては卒業式の月である。個人にとっても新年度に向けて新たな買い物をする月であり、資金需要も増大する。ここで、消費者金融や倉庫・港湾、そして小売セクターなどがTOP5にランクインしているのも頷ける。

同様に社会現象や気候がセクター・パフォーマンスに影響を与えている例は他の月にも見え隠れしている。夏休みシーズンである八月の空運や陸運セクター、クーラーの多用による電力・ガスなどはその良い例かもしれない。

同時にセクター・パフォーマンスには相場全体の季節性も影響を及ぼしている。相場全体が弱い八月の電力・ガスや薬品はいずれも低べータであり、その良い例であろう。逆に高べータである証券セクターが一一月と一二月にTOP5入りしているのは象徴的である。

ちなみに話題性は月ごとの個別株パフォーマンスにも大きく影響している。過去二〇年さかのぼって月ごとの個別株パフォーマンスをみると、六月から八月という夏場に勝率（リターンがプラスの月の割合）がいちばん高い東証一部上場銘柄はジュースや夏野菜で有名なカゴメである。また、レジャー・シーズンの恩恵を受ける鉄道各社なども勝率が高く、これらの銘柄はディフェンシブ性と話題性の両面から良好なパフォーマンスを収めていると考えられよう。

話題性で特に興味深いのは一二月かもしれない。前述したように、一二月は日本株相場が最も良好なパフォーマンスを示す月であり、ファクターとしては高べータがその存在感を示している月でもある。

成績が良いのは当然、高べータのシクリカル銘柄であろうと推測がつくが、少なくとも勝率でトップにきているのは食品株である味の素なのである。インフルエンザが流行する月でもあるためか、次点は薬品のエーザイであるが、同率で住宅リフォームを専門とするＬＩＸＩＬが登場する。

その後もヤマト運輸や、日本ハム、キッコーマン、塩野義製薬といった通常は低ベータと思われる銘柄が軒並みである。これらの銘柄は、日本のお歳暮シーズンや流行感冒、あるいは年末の住宅リフォーム等を想起させる銘柄であり、話題性の観点からは非常に興味深い現象と言って良いだろう。

自社株買い

「ファクター分析」の項でファクターとしてのROEの改善率について触れた。近年、米国企業や欧州企業に対する日本企業全般のROEの劣勢が指摘され、アベノミクスの一環として政府肝いりでROEの改善が叫ばれるようになった。高いROEを構成銘柄の条件としたJPX400インデックスの導入は、その例である。

ROEを改善するには、その分子を増やすか分母を減らすか、あるいはその両方かのどれかを達成すればよいが、分子である当期純利益を増やすよりは、分母である株主資本を減らすほうが手っ取り早いことは明らかである。そこで注目されたのが自社株買いであった。

第二次安倍政権が実質的に発足した二〇一二年末以降、二〇一四年、二〇一五年、二〇一六年と日本企業は記録的な自社株買いを続けたが、実は自社株買いはいまに始まったことではなく、小泉政権時代の二〇〇六年や二〇〇七年にも日本企業は記録的な自社株買いを実施している。

また、東証が発表している「投資部門別売買状況」統計のなかの「法人」は内国法人を指しているが、この「法人」の株式購入額の大多数は企業の自社株買いによるものである。

株式市場をみていると、企業が「自社株買い」を発表すると同時に株価が急上昇するという現象を目にすることが多い。これはファクターとしての「自社株買い」が決して軽視できないことを物語っている。

ここでは日本株市場における自社株買いの特徴をいくつか明記してみたい。

第一は、日本株市場に限定されることではないが、企業の自社株買いの活発化は、企業収益の改善に比例するということである。収益が増え、手元資金が安定すれば、企業はその使い道として設備投資を増やしたり、増配を決めたりしやすくなる。自社株買いもその選択肢の一つになっている。

近年の傾向としては、ＲＯＥの比較的高い企業が自社株買いを行うということも指摘できよう。ここには、もともとＲＯＥの高い優良企業が、そのＲＯＥを維持あるいはさらに高めようとしている姿がみてとれる。

また同様に、自社株買いは必ずしも増配の代替手段ではないことも最近のデータは物語っている。二〇一二年に自社株買いを実施した企業の47％が増配を行っているが、その比率は二〇一三年には59％、二〇一四年には62％、二〇一五年には53％である。好業績企業の株価が、単にその

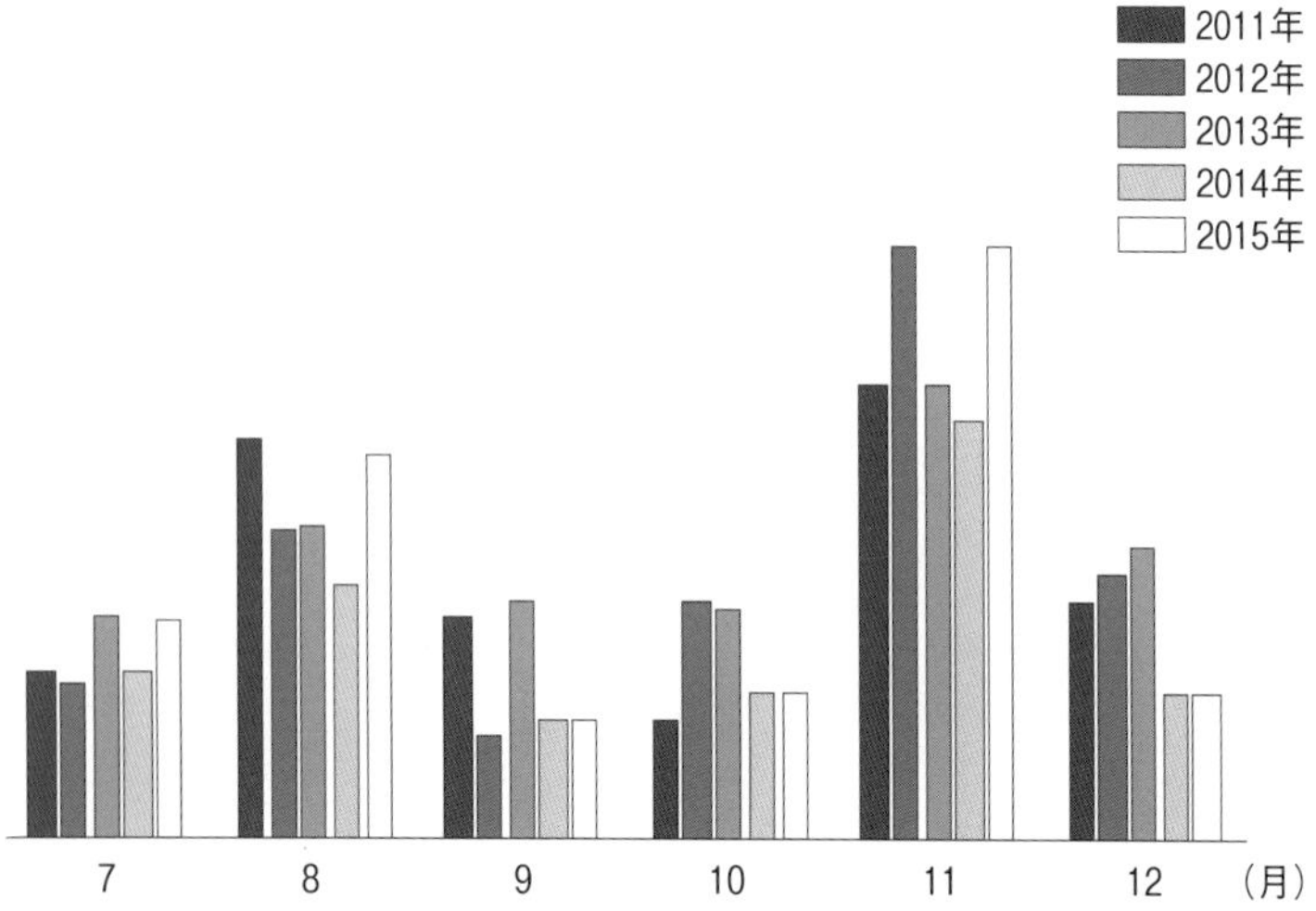

業績だけではなく、自社株買いや増配といったメカニズムによっても底上げされていることがこの事実からわかるだろう。

日本企業における自社株買いの第二の特色は、その季節性にある。過去一〇年のデータをみる限り、上場企業の自社株買いは二月、五月、八月、そして一一月に集中する傾向があるのである（図6は二〇一一年から二〇一五年までの自社株買い実施東証一部上場企業の数）。

この三カ月おきというパターンが四半期決算に関係していると推測することに無理はないであろう。企業が決算内容を見極めたうえで、自社株買いを

[図６]　自社株買いを実施した東証一部上場企業の数（2011年〜2015年）

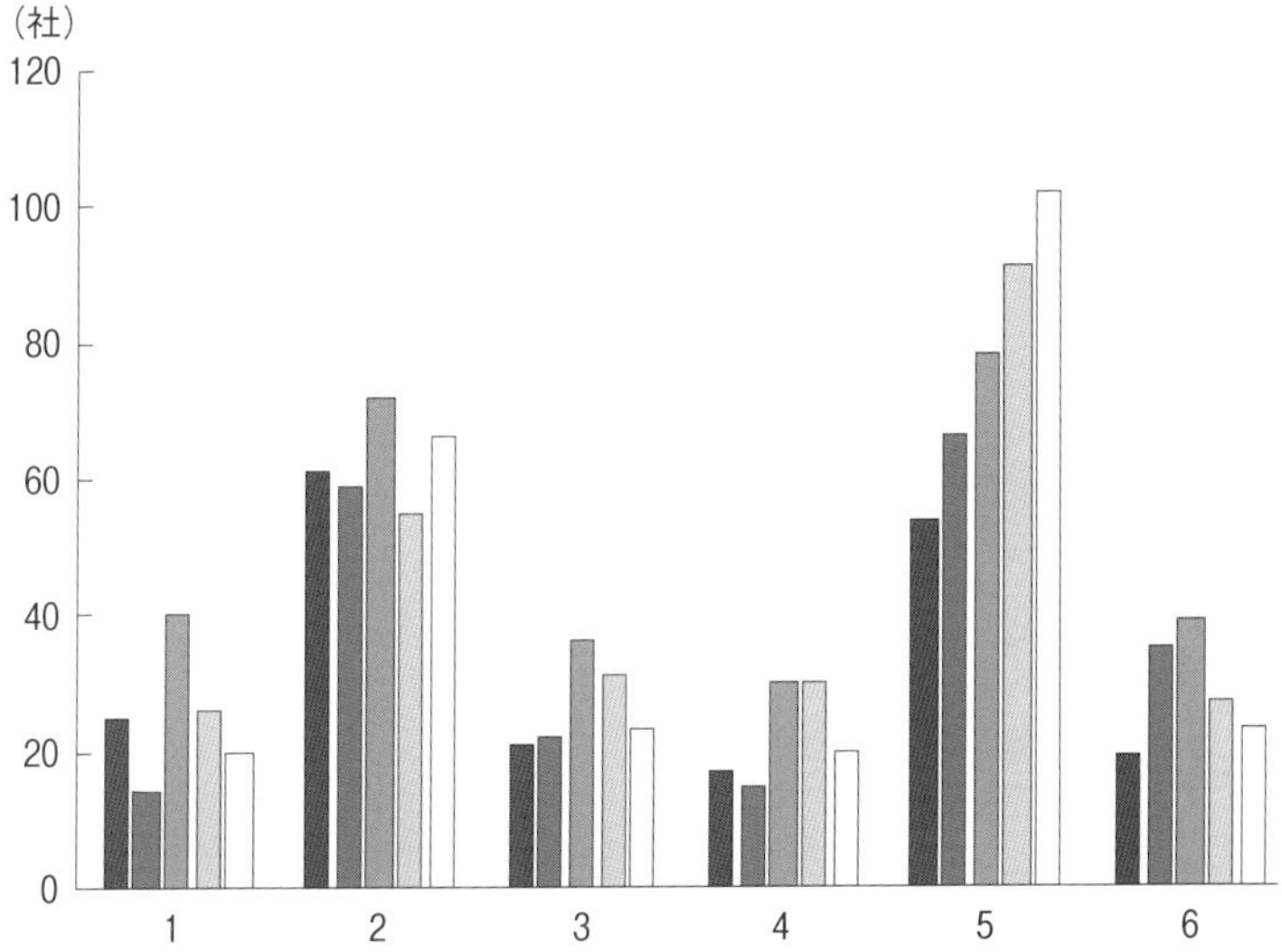

実施しているという事実は驚くに値しない。

投資家が「自社株買い」というファクター（厳密には自社株買いの発表というファクター）に好意的に反応するのであれば、前もってどの企業が自社株買いを発表するのかを察知していれば、利益をあげられるという構図になる。しかしこれを高い確度で命中させることは、インサイダーでもない限りかなりむずかしい。

ここで、理にかなっていると思われる基準で自社株買いを実施しそうな企業の抽出を試みるとする。たとえばそれは現金を多く保有している企業である。

「現金を多く保有している企業」を現金／時価総額で定義して、二〇一五年一月から二〇一六年一月の間の一年間に自社株買いを実施した企業をみると、その半数が現金／時価総額の割合が25％を割っている。つまり、自社株買いを実施した企業は、必ずしも多額の現金を手元にもっているわけではないという結論になる。

また、前述したが、ＲＯＥの低い企業が、自己のＲＯＥを高めるために突出して自社株買いを行っているわけでもない。同期間に自社株買いを実施した企業の約半数は、７・75％以上の三年平均ＲＯＥを誇っているのである。

企業の借金はどうであろうか。借金の多い企業は、自社株買いに走るより借金を返すほうが先決であるようにも思えるが、これも事実ではない。現金・預金を流動負債で割ったキャッシュ・レシオをみると、やはり同期間に自社株買いを実施した企業の半数は、キャッシュ・レシオが80％以下の企業であった。ただ、この統計には近年の超低金利政策が大きく影響している可能性も否定できない。

企業収益の改善が自社株買いを活発化させるとも前述した。しかし、これはあくまでマクロ面の話である。マイクロ的には、収益が改善したからといって必ずしも企業が自社株買いを行うわけではない。同じ期間に自社株買いを行った企業の半数のＥＰＳ成長率は６・３％未満となっており、これは同期間においては高い数字ではないのである。

明らかな傾向として浮上するのが、過去に自社株買いを実施した企業は、未来にも実施する可能性が高いということである。自社株買いは、言うなればその企業の経営哲学の一環である。したがって、その企業のマネージメントが大きく変貌し、それまでの経営哲学が一変してしまうような事態が起こらない限り、この傾向には納得できよう。

最後になるが、それでは「自社株買い」とはどのような局面でその有効性を発揮するファクターなのであろうか。

過去一年間に自社株買いを実施した企業のみで構成されるインデックスを構築し、対ＴＯＰＩＸでそのリターンを計測すると、ほとんどの場合でＴＯＰＩＸ下落時にアウトパフォーマンスを記録していることがわかる。例外は、アベノミクス発足後の約三年間である。この時期には前述のとおり政府主導でＲＯＥの引上げが推進された経緯があり、自社株買いが上昇相場での有効なファクターとして認識された珍しい期間であった。

ＲＯＥブームが一段落した現在、自社株買いがＴＯＰＩＸの上昇時にアウトパフォーマンスを続ける理由は考えがたく、恐らくディフェンシブなファクターとしての本来の姿を取り戻すのではないであろうか。

配　当

配当利回りが時にディフェンシブ、あるいは時にバリュー・ファクターとして有効であることは「ファクター分析」の項で言及した。配当が一定であれば、株価の上下に配当利回りは反比例し、したがってバリュー・ファクターとして機能する。

ここでは配当利回りではなく、配当自体について書いてみたい。配当は言うまでもなく、企業の利益の数割を株主に分配するシステムである。この「数割」を配当性向と呼ぶが、これを会社の経営方針として前もって厳密に設定している日本企業は多くはない。

配当性向を明記している企業のだいたいが、20％以上とか30％以上を「目標」とするというあいまいな表現で会社レポートに記載している。また、企業の多くは配当性向自体を明記しておらず、「株主還元に努力する」とか「一定の配当を維持し」といった表現を使っている。

事実、配当性向ではなく、利益にかかわらず一定の配当を払い続けるというポリシーをもった企業のほうが多いようである。配当は株主にとって貴重なインカムであり、それが減額されることの不人気に配慮しての策であろう。

景気が悪くなっても配当をなかなか下げない企業の株式には、安定したインカムが期待できるわけで、これらの企業は特にディフェンシブ性の高い銘柄と考えるべきであろう。企業の配当支払の歴史は、データ・プロバイダーから簡単に入手できるが、さらに人気が高いのが配当を上げ続けている企業である。

過去二〇年にわたって配当を引き上げ続けている企業は、アメリカでは相当数存在するが、日本では稀有である。表14は、過去五年間にわたって配当を上げ続けた企業の翌一年間の単純平均株価リターンを年度ベースで記載したものである。

比較のため、同期間のTOPIXリターン、五年連続でEPSが上昇した企業の単純平均リターン、同じく五年連続で配当の増額か自社株買い、あるいはその両方で株主還元（トータル・ペイアウト）を増加させた企業の単純平均株価リターンを併記している。

配当を連続して増額させた企業の平均株価リターンは、トータル・ペイアウトを増加させた企業に比べれば見劣りするが、概して良好なパフォーマンスを維持している。過去に自社株買いを実施した企業はその後も実施する確率が比較的高いことも「自社株買い」の項で説明したとおりである。

また、EPSを連続して改善させている企業は、経営体制も堅固だろうし、ビジネス・モデルも成功しているだろうから、将来もEPSが改善する可能性は高いだろう。この本では企業の「業績」についてはあまり焦点を当ててこなかった。これは業績がノイズだと言っているわけではない。業績や業績予想に連動して株価が上下するのは当然のことであり、それをことさらここ

［表14］　5年連続で配当を引き上げた企業の翌1年間の平均リターン

	2011年度	2012年度	2013年度	2014年度
TOPIX	−1.7%	21.1%	16.3%	28.3%
EPS	7.3%	40.0%	23.8%	39.5%
配　当	14.4%	33.0%	14.3%	38.3%
トータル・ペイアウト	19.1%	50.3%	16.6%	64.6%

	2015年度	2016年度
TOPIX	−12.7%	12.3%
EPS	−3.3%	8.1%
配　当	−4.8%	9.4%
トータル・ペイアウト	−6.6%	12.4%

で強調する必要はないと判断したからである。

表14の重要性は、それが過去五年間の数字であるにもかかわらず、EPSを連続して改善させている企業の、少なくともその後一年間の株価パフォーマンスは、そうでない企業をはるかに上回って推移する場合が多いということである。EPS以外のいわゆる業績指標についても同様のことが言える。

たとえば、高い売上高経常利益率（経常利益／売上高）を記録した企業の株価の相対的なパフォーマンスはそうでない企業のパフォーマンスをほぼ例年大幅に上回っている。これは上昇相場であっても、下落相場であっても変わりはない。

「ファクター分析」の項でROEやROAといったファクター（分子は純利益）のリターン

が一般的に劣勢であると述べたが、そこでは同時にROEやROAの改善率のリターンが比較的有効であるとも書いた。EPSを改善させている企業のリターンが優勢であることは、「ファクター分析」の項で述べたこととも整合性がとれている。

しかし、EPSにも増して確度が高く、予想がしやすいのが下値硬直性のある配当であろう。その意味で、連続して配当を増額している企業は、たとえある程度の不景気が訪れたとしても、再度配当を上げてくる可能性が高く、より信頼性のある投資先であると思われる。

株式分割とアクセシビリティ

既存の株数を恣意的に分割し、アクセシビリティを上昇させる企業行為を株式分割と呼び、その逆を株式併合と呼ぶ。この場合のアクセシビリティとは主に個人投資家にとっての株式の「買いやすさ」を指している。

たとえば、既存の株数を10000株として、株価が100万円とする。ここで1対2の株式分割を実施すれば株数は二倍の20000株となるかわりに株価は半分の50万円となりそれだけ「買いやすく」なるわけである。また、発行済株式数が増加することによって、それだけ売ることも簡単になり、流動性の増加にもつながることになる。

これが一般的に株式分割発表後の株価が上昇するゆえんである。株式分割とは逆の行為を株式

［表15］　株式分割（上段）と株式併合（下段）を発表した企業の対TOPIXリターン（2015年・2016年）

	1日後	1週間後	2週間後	3週間後	4週間後
平均値	5.4%	5.9%	6.4%	7.3%	7.5%
中央値	5.3%	5.6%	5.2%	5.1%	4.9%
	1日後	1週間後	2週間後	3週間後	4週間後
平均値	0.2%	0.8%	0.7%	1.2%	1.6%
中央値	0.0%	−0.3%	0.0%	0.3%	0.0%

併合と呼ぶが、併合の場合は一般的に株価が下がる。ここで意図的に「発表後」という言葉を使っていることに留意されたい。株式分割（併合）の実施日と発表日とでは、株価は別な動きをする場合が多いからである。

株式分割（併合）発表後に上昇（下落）した株価が、実施後に逆の動きをすることはよくみられる現象であり、注意を要する。また、株式分割発表後に上昇した銘柄が利食い売りにさらされることも多々起きている。

表15は二〇一五年と二〇一六年に株式分割および併合を発表した全銘柄をサンプルにした統計である。上が1対2以上の分割を実施した銘柄の分割発表後の対TOPIX変動率、下が2対1以下の併合を実施した銘柄の併合発表後の対TOPIX変動率である。

表からわかるように、一般的に株式分割は株価にポジティブであるが、併合銘柄のパフォーマンスは芳しくない。前述したように、一方は買いやすくなり、一方は買いがたくなるのであるから、これは理にかなった現象であろう。

また表の中央値からは、株式分割発表後のアウトパフォーマンスがその一日後にはほぼ達成されてしまっていることがわかる。ここでは秒単位、分単位のデータが取得できなかったために便宜上一日後となっているが、個別に日中の株価推移をみると、実は発表の数分後、最長でも数時間後にはほとんどのアウトパフォーマンスが達成されてしまっていることがわかる。

もちろん、平均値と中央値の乖離は、発表の数週間後もアウトパフォーマンスを続けている銘柄があることを示唆しているが、これには株式分割以外のファクターが働いている可能性が高いだろう。

そのほか、この検証の結果、いくつかの傾向が明らかになった。第一は株式分割の影響は、時価総額のより小さな銘柄で顕著であるということである。時価総額の小さい銘柄は、もともと流動性に劣るため、株式分割による流動性の増加により敏感に反応するのであろうし、またアナリストのカバレッジ比率も低く、材料の乏しい銘柄であるから株式分割という材料が好感されていることも考えられる。

第二の傾向は、株式分割の割合が大きいほど、発表後のリターンが大きくなるということである。1対2よりは1対4のほうが株価はより大きく調整され、買いやすくなるのであるから、これも驚くに値しないだろう。

第三の傾向は、株式分割（併合）発表後のリターンはマーケット全体のセンチメントに依存しないというものである。発表が上昇相場の最中であっても、下落相場のなかであっても、銘柄の対TOPIXのパフォーマンスに大きな差異は認められなかった。

表15から平均的には株式分割発表後の遅くとも数時間後にはアウトパフォーマンスのほとんどが消化されてしまうことが判明したが、一般的な傾向を把握していれば、少なくとも統計上は事前に分割銘柄を仕込んでおくことが可能と考えられる。

一つの傾向としては、株式分割は強気相場でより実施されやすいということがある。企業にとっての株式分割のメリットは、高額になった株価を意図的に下落させ、より買いやすくするためであると書いたが、言うまでもなく強気相場でそれは起こりやすい。

また、日本証券取引所が個人の株式投資を促すべく、投資単位の水準を5万円から50万円の間に収めることを推奨しているため、投資単位が50万円以上になっている銘柄は株式分割の対象になりやすいと思って良いだろう。

自社株買い同様、過去に株式分割を行った企業は、分割を幾度となく繰り返す傾向も観察されており、企業ごとに株式分割の歴史を把握しておくことも一案と思われる。

株式分割（発表）が株価の上昇につながる最大の理由は、個人投資家にとってのアクセシビリティの増加（厳密には、それを見越した買い）であるが、アクセシビリティの増加は、株式分割に限ったことではない。日本株には単位取引株数というものがあり、この売買単位を二〇一八年一〇月一日までに１００に統一するという要請が日本証券取引所から発表されている。時限的ではあるが、これが一定の銘柄のアクセシビリティを増加させることとなる。

たとえば、現在売買単位が１０００の銘柄の株価が１０００円だと仮定すれば、投資家がこの株を買うには１００万円の資金が必要となる。この売買単位が１００になれば、必要資金はその一〇分の一となり10万円で購入が可能になるため、アクセシビリティが増大するわけである。

二〇一七年七月時点で、すでに90％超の東証上場銘柄が取引単位株数１００を使用しており、残りの10％未満が依然として１０００株単位である。これらの銘柄がそれを１００株に変更することは時間の問題であり、確実とは言えないにしてもアクセシビリティの増加（あるいはその予想）が株価上昇につながる可能性は否めない。

ただ、ここでの留意点は、単位株数を１００にした銘柄の株価が5万円未満になってしまう場合である。この場合には、株価を5万円以上にすべく企業が株式併合を実施する確率が高く、実質的にアクセシビリティに変化がないばかりか、株式併合のニュースがネガティブに作用することも想定できよう。

これらの推測に関しては、以下の表16から表19に掲載した検証が役に立つかもしれない。

ここでは取引単位変更を機にその一日後、一週間後、二週間後、三週間後、四週間後、二カ月

［表16］　取引単位変更を発表した企業の対インデックス・リターン
（ジャスダック銘柄）

併合あり	1日後	1週間後	2週間後	3週間後	4週間後	2カ月後	3カ月後
平均値	−2.22%	−2.26%	−2.06%	−2.30%	−2.86%	−1.22%	3.89%
中央値	−2.26%	−2.82%	−2.09%	−5.24%	−3.13%	−3.06%	−2.77%
勝　率	18.18%	18.18%	18.18%	18.18%	18.18%	45.45%	36.36%
併合なし	1日後	1週間後	2週間後	3週間後	4週間後	2カ月後	3カ月後
平均値	−0.55%	−0.10%	−1.29%	−0.92%	3.16%	5.12%	19.88%
中央値	−0.89%	0.41%	−1.13%	−0.53%	0.05%	2.60%	7.79%
勝　率	25.00%	50.00%	12.50%	50.00%	50.00%	87.50%	87.50%

［表17］　取引単位変更を発表した企業の対インデックス・リターン
（東証二部上場銘柄）

併合あり	1日後	1週間後	2週間後	3週間後	4週間後	2カ月後	3カ月後
平均値	−1.80%	−1.45%	−1.94%	−3.73%	−3.62%	−3.68%	−8.40%
中央値	−1.97%	−1.62%	−0.70%	−3.84%	−4.71%	−6.46%	−11.95%
勝　率	20.83%	25.00%	16.67%	16.67%	20.83%	29.17%	29.17%
併合なし	1日後	1週間後	2週間後	3週間後	4週間後	2カ月後	3カ月後
平均値	−0.32%	0.04%	−2.05%	−1.79%	−2.37%	−4.13%	−0.91%
中央値	−0.31%	0.19%	−2.43%	−2.18%	−0.39%	−1.43%	−3.01%
勝　率	43.75%	50.00%	31.25%	37.50%	50.00%	43.75%	46.67%

後、三カ月後に株式が平均的にどのような動きをしたかを検証している。

表16がジャスダック銘柄であり、取引単位変更に株式併合を伴った場合と伴わなかった場合を別々に検証している。前述のように、株式併合を伴った場合はアクセシビリティの増加はなく、伴わない場合はアクセシビリティが増加するからである。

[表18]　取引単位変更を発表した企業の対インデックス・リターン
（東証一部上場銘柄）

併合あり	1日後	1週間後	2週間後	3週間後	4週間後	2カ月後	3カ月後
平均値	−0.25%	0.08%	0.13%	0.22%	0.06%	0.18%	−0.82%
中央値	−0.29%	0.08%	−0.28%	−0.10%	−1.28%	−2.92%	−2.66%
勝　率	47.92%	52.08%	46.88%	48.96%	42.71%	38.54%	40.00%
併合なし	1日後	1週間後	2週間後	3週間後	4週間後	2カ月後	3カ月後
平均値	0.26%	1.11%	0.10%	0.33%	0.74%	−1.35%	4.98%
中央値	0.13%	0.74%	0.82%	−0.14%	0.24%	−0.74%	−1.88%
勝　率	56.76%	59.46%	56.76%	45.95%	54.05%	45.95%	47.06%

[表19]　取引単位変更を発表した企業の対インデックス・リターン
（東証一部上場銘柄、変更後の株価が100万円以上か否かで場合分け）

>100万円	1日後	1週間後	2週間後	3週間後	4週間後	2カ月後	3カ月後
平均値	0.67%	1.48%	0.47%	0.24%	1.06%	−0.46%	7.37%
中央値	0.21%	1.53%	0.89%	0.70%	0.99%	1.66%	4.49%
勝　率	66.67%	72.22%	66.67%	50.00%	61.11%	61.11%	56.25%
<100万円	1日後	1週間後	2週間後	3週間後	4週間後	2カ月後	3カ月後
平均値	−0.13%	0.76%	−0.25%	0.42%	0.43%	−2.19%	2.86%
中央値	−0.23%	−0.31%	−0.33%	−0.50%	−0.35%	−4.84%	−3.20%
勝　率	47.37%	47.37%	47.37%	42.11%	47.37%	31.58%	38.89%

表17が同様の検証を東証二部上場銘柄で行ったもの、表18が東証一部上場銘柄の場合である。サンプル数はジャスダック銘柄が19、東証二部上場銘柄が40、東証一部上場銘柄が133となっており、またリターンはそれぞれの対インデックスで測定されている。

いずれの市場でも、共通して言えることは、単位株数が変更になった場合に株式併合があった場合とない場合では、明らかにない場合が平均リターン、勝率ともに優位にあるということである。同時に平均リターンからも勝率からも、単位株数の下落が株式に特にプラスに働いたようにはみえない。

単位株数変更の二カ月後、三カ月後には他のファクターの存在が大きくなっているため、これらリターンをみることにどれほど意味があるのかも疑問であるが、辛うじて短期的に単位株数の変更がプラスに働いていると思われるのが、東証一部上場銘柄（株式併合なし）である。

これにはジャスダック銘柄や東証二部上場銘柄に、もともと値嵩株が少ないことが原因としてあげられよう。値嵩株が少なければ、取引単位を1000から100に下げても個人投資家にとってさほど旨味はなく、そればかりか場合によっては将来の株式併合の可能性がみえてくるので、逆に売られることもあると思われる。

表19は、東証一部上場銘柄に限り、単位株数変更前の株価が100万円以上の銘柄と、100万円未満の銘柄の単位株数変更後のリターンを対TOPIXで比較したものである（株式併合銘柄は除外）。

ここからは、購入価格（株価×1000）が100万円以上の銘柄では、投資単位変更の影響が著しく、そうでない銘柄のパフォーマンスを大きく上回っていることがわかる。つまりアクセシビリティはアルファ（対インデックス超過収益）の創造に一役買っていると言えよう。

［表20］　浮動株比率に応じた対インデックス・リターン
（MSCIジャパン・インデックス、2016年6月2日～2017年2月末）

	FIF<0.6	0.6<FIF<0.8	0.8<FIF<0.9	0.9<FIF
平均値	16.30%	10.80%	19.10%	23.50%
中央値	9.70%	9.20%	16.30%	20.40%
勝　率	75.40%	66.70%	81.60%	83.90%
平均時価総額（億円）	15,100	9,950	14,900	14,000
FIF調整後平均時価総額（億円）	5,770	6,800	12,800	13,000
6カ月平均出来高（億円）	37.9	37.8	59.0	79.8

表20は同様の発想で、フリー・フロートの差異によってアルファが創出されるかを検証した結果である。

第三章の「インデックス運用の影響」の項で言及したが、MSCIは例年五月末日にインデックス構成銘柄のフリー・フロート（FIF）の見直しを実施している。ここで言うフリー・フロートとは浮動株比率のことであって、それがさまざまなコーポレート・アクションによって変化することに対応すべく見直しが行われる。インデックスを構築する際に、浮動株のみを採用し、非浮動株を除外するためである。

その定義から、一般的にフリー・フロートの高い銘柄のほうがアクセシビリティが高いことが予想される。

パッシブ・ファンドからの資金フローがこのリバランスのたびに大きく出入し、それに先んじて「コバンザメ投資家」が動くことはすでに述べた。ここではそのようなリバランスの影響を検証しているわけではなく、単純にフリー・フロートの差異によるパフォーマンスの違いをみたいわけで、したがって表に掲載したリターンは二〇一六年六月二日から二〇一七年二月末日までのものとなっている（この間にMSCIジャパン・インデックスは16・5％上昇している）。

サンプル・サイズは0・6＜FIFで57、0・8＜FIF＜0・6で79、0・9＜FIF＜0・8が98、そしてFIF＜0・9が87である。FIFが違うのでインデックス時価総額はFIFが大きいほうが当然大きいが、実際の時価総額にはサンプル間で大きなバイアスはない。

パフォーマンスの違いは、出来高に起因していると思われ、出来高が高いほどパフォーマンスが良い傾向がある。もちろんパフォーマンスは二〇一六年六月初旬から二〇一七年二月末までの上昇相場においてであり、これが下落相場であったのなら、逆に出来高の高い銘柄がより大きな下落をみせていた可能性がある。

またセクター・バイアスに関しては、セクターで加重平均したリターンはFIF＜0・9が最も悪く、次いで悪いのが0・9＜FIF＜0・8であった（つまり、特定のセクターが良好なパフォーマンスに寄与しているわけではない）。ここから、セクター・バイアスのパフォーマンスに対する影響は限定的であると思われる。

以上の考察から取引単位株数変更とフリー・フロートの差異が株式に与える影響は、アクセシビリティを通して流動性の差異となり、それはアルファの要因になっていることが結論づけられそうである。

天変地異

天変地異にはさまざまな顔があり、その経済や株式相場への影響は場合によっては数カ月後、数年後にならないとわからない。その規模が大きければ大きいほど影響が大きいことは想定できることであるが、相場はその時の報道や憶測によって即座に乱高下し、ボラティリティが急上昇するということ以外に天変地異と相場の相関を数値化することは不可能と言っても良いであろう。

その意味で天変地異を考察することがその後の相場判断にどれほど役に立つのかは正直言ってわからない。ただ、人間心理の鏡としての相場を考えるとき、天変地異に直面した際にそれがどう動いたかを検証することに少なくとも学術的な意味はあるだろう。

ここではケース・スタディとして二〇一一年に起きた東日本大震災と福島第一原子力発電所事故について記述してみたい。この天災は日本が経験した戦後最大の危機として記憶に新しく、世界的にも前代未聞の大事故としてその経緯と株式市場の反応を考察することには歴史的な価値と教訓があると思われるからである。

筆者は当時、大手証券会社のトレーディング・フロアで働いており、大震災前後の状況を克明に記憶している。また、原子核物理学という大学院での学位が注目され、福島原発事故の重要性が明らかになった後には、相場の動きと従業員の安全性の両面から原発事故の分析を命じられ、約二カ月にわたってその業務に従事した経験がある。ここに書かれていることのほとんどは、その記憶と経験に基づいたものである。

後日3・11と呼ばれるように、事の発端は二〇一一年三月一一日に東日本、主に東北地方を襲った巨大地震であった。筆者の働いていたトレーディング・フロアは東京駅を眼下に、東京湾を彼方に臨む高層ビルの三一階にあり、その日は金曜日ともあって、ウィークリー・レポートの作成に追われている最中であった。

午後二時四六分、軽い横揺れを感じた筆者の部下が「地震だ」と言ったのを覚えている。免震建築で建てられた高層ビルの上層階は階下より揺れを大きく感じるようにできている。また、筆者が子どもの頃、近所に関東大震災を身をもって経験した老婆が住んでおり、大地震の前には必ず「ゴー」という地鳴りがすると言っていた。今回はその「地鳴り」を聞かなかったので、大した地震ではないだろうと高を括っていたが、揺れは次第に増幅し、それが尋常ではないと判断するのに数分はかからなかった。

デスクやキャビネットの引出しが手で押さえていないと飛び出してくる。トレーディング・フロアのあちこちから同僚の悲鳴と叫び声が聞こえる。机上のモニター・スクリーン上では日経先物に引き摺られるように日経平均が急落しているのがみえる。背後にはトレーダーが身体をデスクの下に隠し、手だけを出してキーボードを叩いている姿があった。

地震があって真っ先に目がいくのがテレビである。頭上にはテレビ・モニターがあったが、速報はまだ出ていない。その間にも余震とも本震の一部ともわからない大きな揺れがまた襲ってくる。

外の状況を確認しようと、勇気のあるものは窓際までやってくるが、眼下に倒壊した建物はみえず、交通状態も安定しているようであった。気がつくとテレビ・モニターには日本地図が映し出され、大津波警報が宮城県、岩手県、福島県の太平洋沿岸に発令されたと報じている。当初の報道では、宮城県北部で震度7、震源地は宮城県沖ということだった。

「火事だ」という声に視線を遠方に移すと、いくつもの黒煙のたなびきが目に入ってくる。さらに東京湾を隔てた千葉県からは大きな火の手があがっていた。

「当ビルは安全ですので、ビル内にとどまってください」という防災センターの指示どおりにビル内にとどまっている間に、電話は携帯を含めて不通となり、交通機関は麻痺、東京駅は黒山の人で溢れる状態になっていた。

振り返ると、テレビ・モニターには農耕地を嘗めるように走る津波の映像が映っている。当初の地震のマグニチュードは7・9と報道されていたが、それはやがて8・4となり、次いで8・8まで改定される。マグニチュード8・8とは少なくとも日本では未曾有のレベルであった。

その日のうちに福島第一原子力発電所にトラブルが発生したことは報道されていた。地震のために電源の一つが停止し、そのために冷却機能が働かなくなっているとのことであった。放射能は原子炉の外にはもれていないが、原子力災害対策特別措置法にのっとって政府は発電所から半径3キロメートル内の住民に避難指示を出すが、震災の被害状況が明らかになり始めたのは明けた翌三月一二日土曜日になってからであった。津波に呑まれた町々の映像が次々とテレビ画面に映し出され、それが東北の東海岸全域に及んでいることが判明していく。

そしてそれに追い討ちをかけるように福島原発から不吉なニュースが伝えられる。それは原子炉の冷却作業が難航しているという報道であり、また第一原子力発電所の避難区域が半径10キロメートル以内に拡大されたという報道である。

午後になり、原子力安全・保安院が福島第一原発の一号機における炉心溶融の可能性に初めて言及する。それは常日頃、安全性を強調している日本の原子力発電所で、地震のために原子炉のなかの燃料棒が溶け始めているという由々しき事態であった。

午後三時三六分、福島第一原子力発電所一号機で爆発が起きる。建屋と呼ばれる原子炉の格納庫が水素爆発によって吹き飛ばされたとの説明があったが、この時点で炉心の溶融と爆発にどんな関連性があるのかは不明であった。

三月一三日、気象庁により地震のマグニチュードが9・0に修正される。前日の建屋爆発について、格納容器自体の爆発ではないから心配はない、「放射性物質が大量に漏れ出すものではない」との政府発表があるが、同時に避難区域が第一原発から半径20キロメートル以内に拡大される。

原子炉はすべて停止状態にあるが、冷却機能を失えば原子炉から水分が蒸発し、炉心が露出、溶解することになる。俗にいうメルトダウンだ。そのような状況に陥っているのは一号機のみならず、三号機も同様であるとの報道を受けて、一気に政府発表への疑心暗鬼が台頭する。

福島第一原発の運営者であり管理者である東京電力にどれほどの対応能力があるのか。政府はパニックを恐れるあまり真実を隠しているのではないか。この時点でメディアでは、今回の事故を過去のスリーマイル島やチェルノブイリ事故と比較する議論が活発化し始めていた。

原子力安全・保安院によれば、福島第一原発の事故は国際原子力事象評価尺度の分類でレベル4に該当する。一九七九年のスリーマイル島事故は、レベル5であり、一九八六年のチェルノブイリは史上最悪のレベル7である。この尺度では福島原発の事故はまだまだ最悪からは程遠いということになるが、これから後にどうなるかは神のみぞ知るという様相であった。

明けて三月一四日月曜日、東京証券取引所は通常どおりの取引を開始する。東京電力は福島原発の停止による電力供給不足から「計画停電」という時間制による限定的な電力の供給を始めており、また地震の影響からも各電鉄が運行本数を減らしているために通勤すら困難な社員が多数いた。

福島原発事故は、すでに海外のメディアでも大々的に報道されていたが、その論調はいたずらに不安心理を煽るようなものが多かった。筆者は「専門家」と呼ばれるコメンテーターが福島はチェルノブイリの再来だと口沫を飛ばしながら熱弁する場面を何度もみている。

午前一一時を回った頃に、第二の水素爆発が起きる。今回は福島第一原発の三号機で、やはり吹き飛ばされたのは原子炉の建屋である。当時の民主党官房長官である枝野幸男氏が再度壇上に立ち、炉心を納めた格納容器は健全であり、放射性物質が周囲に飛び散っている可能性は低いと発言する。また「現在も格納容器への注水（冷却のため）は継続されており、容器内の圧力は一定に保たれている」と明かす。

この時点で筆者はすでに「福島原子力発電所事故の分析」と題された数枚のページからなる英文のレポートを受け取っていた。それには要点として「福島原発から排出される放射性物質は、すべて半減期が短く空気中に放出されても数時間としないうちに無害になる」と書いてあった。

社員としての筆者に与えられた業務は、このレポートの正確性を判断することである。

「もう一度言う。破損した日本の原子力発電所からは、脅威となるレベルの放射性物質はもれていないし、これからももれることはない」

とそのレポートは始まっていた。

「地震以来、ほとんどのニュースを読み聞いてきたが、そのすべてに欠陥や誤りがある（もちろん日本から出る情報の不十分さにも問題はあるが）。要は原子炉がどのようにつくられ、また稼働されてきたか基本的なことを理解していないのである」

福島原発は、沸騰水型原子炉であること、これは圧力釜のようなものであり、沸騰水型原子炉の稼働温度は約摂氏二五〇度であることが、今回の事故を理解するうえで重要であると説明する。次に核燃料自体の解説だ。

「核燃料は酸化ウランである。これはセラミックであって、融点は摂氏三〇〇〇度と高い。この核燃料がペレットと呼ばれる小さなブロックに納められており、さらにペレットは摂氏二二〇〇度の融点をもつジルカロイ合金でできた長い筒に閉じ込められる。これが核燃料棒と呼ばれるものである。こうしてできた燃料棒は集積され、一段と大きな筒となって原子炉のなかに挿入される。これらの筒の集合体を「炉心」と呼ぶ。

ジルカロイ合金の筒が第一の砦だ。この筒が放射性物質の外界への漏洩を防いでくれている。

そして「炉心」を取り囲む圧力容器が第二の砦である。この圧力容器は堅固で、摂氏数百度の熱にも耐えられるように設計されている。つまり、原子炉の冷却機能が働けば、第二の砦で十分だということになる。

第三の砦が、このすべてを内包する格納容器と呼ばれる鋼鉄製の釜である。格納容器の役目はただ一つだ。それは、炉心溶融、つまりメルトダウンが起きたときに、放射能が外部にもれないようにシャットアウトする役目である。この第三の砦は、建家に被われている。これは原子炉を風雨から守るために存在するものだ」

なぜ、今回の事故がチェルノブイリのようにならないのか。このレポートによると、その理由は以下のとおりである。

第一の違いは、その構造にある。チェルノブイリ原発には炉心を福島原発のように三重に覆う容器はなかった。

第二の違いは、福島原発は地震発生と同時に制御棒を挿入することによって臨界状態を止めてしまったが、チェルノブイリは操業中の事故であり、臨界状態が継続していた。

第三の違いは、福島原発が沸騰水型軽水炉であるのに対して、チェルノブイリは黒鉛減速沸騰軽水圧力管型原子炉であった。核連鎖反応が継続するには、核分裂で放出された中性子の速度を落とす必要がある。それを減速材と呼ぶが、これに軽水（普通の水）を使うのが福島原発であり、黒鉛を使ったのがチェルノブイリであった。

単純に考えて、黒鉛は燃えるが水は燃えない。チェルノブイリではこの黒鉛が燃えて大火災となり、放射性物質が上空高く噴出した。

つまりチェルノブイリと福島とでは、条件が違い過ぎたのである。

原子炉の設計者であり、スリーマイル島事故の危機管理と事後処理に関与したというこのレポートの作成者の見解は高い信憑性をもっていると判断できた。想定できる最悪の事態はメルトダウンであるが、それすら環境に与える脅威は限られているというのである。

「炉心の温度が上昇すると摂氏三〇〇〇度でメルトダウンが起きる。結果として核燃料が圧力容器を溶かし、それが格納容器に流れ出す。格納容器の下部には水があるため、その水によって溶けた核燃料が冷却され、そこで事態が収束する可能性が高い。事実、スリーマイル島ではメルトダウンが起き、同じように核燃料が溶け出して格納容器の鋼鉄の壁半分を溶かして凝固した」

俗に言うチャイナ・シンドロームは起こらないというのが結論であった。

このエキスパートの見解を信じるのであれば、株式相場の下落は止まっていたはずである。しかし、マスコミは洋の東西を問わず不確かな情報をセンセーショナルに報道し続けている。「危機的状況だ」だの「きわめて深刻な事態だ」だのといった言葉が一人歩きし、それがどれほどの危機なのか、どれほど深刻なのかがまったく説明されない。

東京都民は避難する必要があるのか。情報が錯綜するなか、フランス政府が日本にいるフランス国民に退避勧告を出す。フランス政府によれば、福島原発事故はすでにレベル6ということらしい。対して日本政府から発せられる言葉は「直ちに人体に悪影響を及ぼすようなレベルではない」という不甲斐ない言葉である。「直ちに」ということは、明日になれば悪影響を及ぼすかもしれないということなのか。

この日、日経平均は引け値ベースで6・2%の下落となる。二〇〇八年の金融危機以来、最大の一日下落率であった。

三月一五日、二号機で爆発音が確認され、四号機でも火災が発生。事態は「制御不能」の坂道を転がり落ち始める。健全であるべき格納容器の破損を専門家と呼ばれる人々が現実味を帯びたとして指摘する。結果として起きる放射能大量流出の可能性。

さらに厄介なのが四号機である。この原子炉は地震発生当時、定期点検のためすでに運転停止状態であった。使用していた燃料棒を抜き、格納容器の外の貯蔵プールで冷やしていた最中に地震と津波に襲われた。冷却機能を奪われた貯蔵プールの水温は、燃料棒の発する熱で急上昇する。冷却水が蒸発し、例によって露出した燃料棒から水素が発生し、水素爆発から火災へと発展する。

問題は貯蔵プールには建屋以外の覆いが何もないことである。福島原発にはチェルノブイリと異なって格納容器があるから安全としていた大前提がここで崩れることになる。プール内の使用済み燃料棒は本数にして七八三本だという。いったいどれほどの放射性物質が外気に出ることになるのか。

当時、日本で生活していた人間なら誰しもが証言できることであるが、とにかく政府からろくな情報が得られないのである。また、前述のようにマスコミもオウムのように「危機的状況」「深刻な問題」を繰り返すばかりで、その危機度にも深刻度にも言及しないありさまであった。

あまりの情報の欠如に、疑惑の目が政府に向けられる。政府は何か重大な事実を知っていてカバーアップしているのではないか。後になってわかることだが、実は政府も何がどうなっているのかわからなかったというのが真実である。しかし、疑心暗鬼は不安を掻き立て、日本株の恐怖指数であるＶＮＫＹ指数はピークに達し、三月一五日の日経平均は引け値ベースで10・6％という驚異的な下落率を記録するに至る。

余震が打ち続くなか、計画停電の影響もあり、また首都圏から避難する住民も多く、東京はさながらゴースト・タウンの様相であった。東京証券取引所が取引を停止しなかったのが不思議なほどである。

図7は当時の日経平均の推移を表したものである。三月一一日は地震が起きたのが取引の終わる約一五分前ということで、下落率は1・7％にとどまっているが、週末を挟んで原発事故の重

[図７]　日経平均の推移（2011年３月～５月）

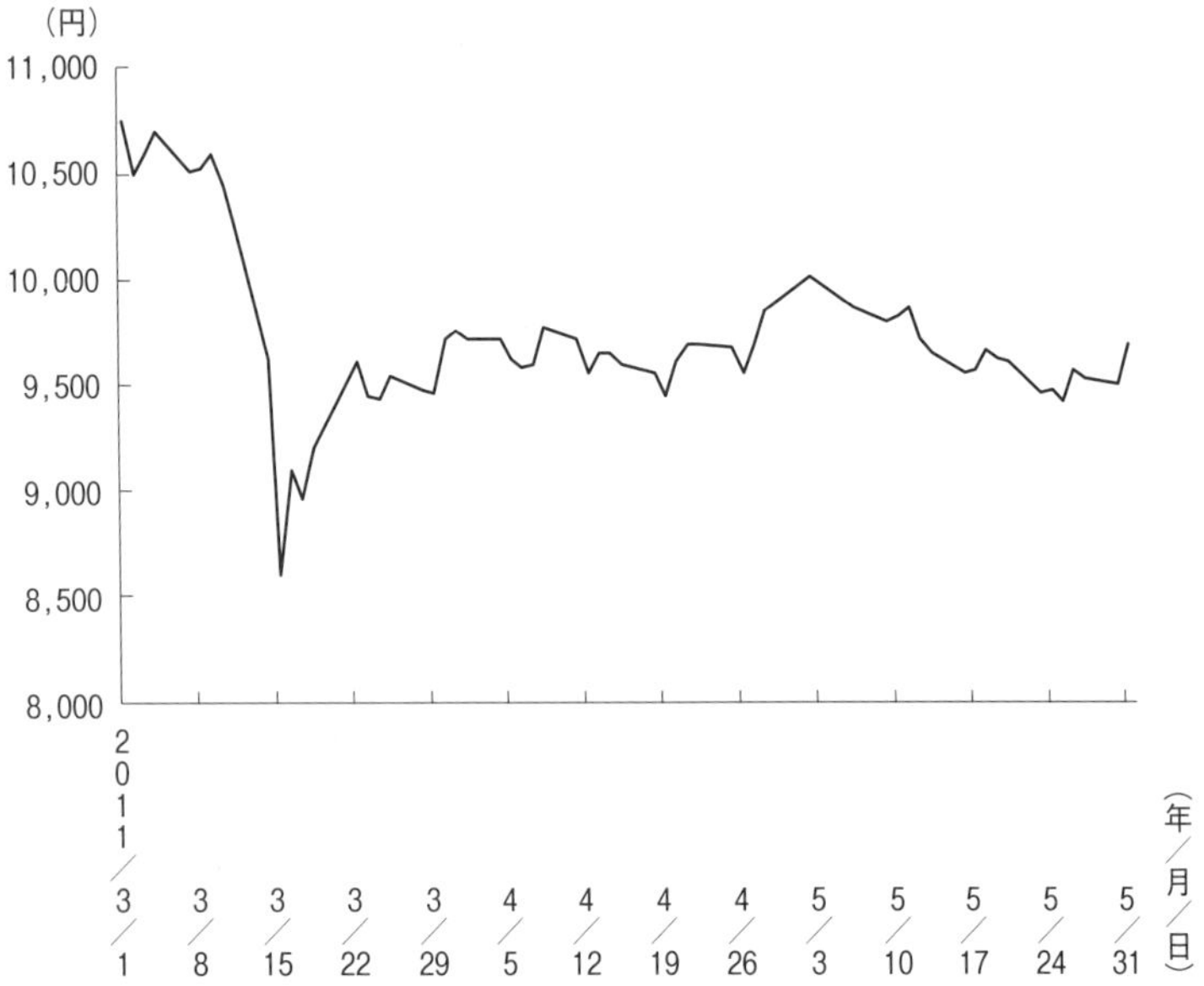

大性が明らかになり始めた三月一四日には、前述したように6・2%の下落、翌一五日にはそれをはるかに上回る下落率となっている。

　興味深いのは一六日の動きである。引け値ベースで5・7%の上昇は、原発事故の状況の進展がまったくみられなかった当時、奇異にすら思えた。あくまで憶測であるが、テクニカル指標やバリュエーションを一つのメジャーとしているクォンツ・ファンドやプログラム・トレーディングから、ほぼ自動的に押し目買いが入ったのではないだろうか。事実、当時の投資家別売買高をみると、外国人投資家の巨額の買い増しが判然としているのである。

ただ、その後の動きはテクニカル要因だけでは説明しがたいものがある。一七日にはいったん下落した日経平均は、翌日、翌々日と連続して上昇し、その後は五月初旬まで9500と9750といった狭いレンジを横ばい状態で推移している。

地震や原発事故による経済的ダメージはいまだ明らかになっておらず、そのような状況で株式市場が上昇しないのは頷けるが、メルトダウンが噂されるなかで、株式市場が下落しなかったのはなぜなのであろうか。

「現状では人体に影響の出るレベルではない」という壊れたレコードのような政府の声明を鵜呑みにして投資家が行動していたとは思えない。そうかと言って、矛盾だらけで支離滅裂な報道を続けるマスコミに耳を傾けていたわけではもちろんない。

仮に功を奏したとすれば、それはパニックを起こさせないという政府の意思であり、その決断の一つには当然東京証券取引所を通常どおりに営業させるということもあったであろう。当時の報道では、震災に直面した日本人の行動が常軌を逸することなく、整然としていることに海外から賞賛の声があがっているとのことであった。

最も恐怖を感じているはずの日本国民が一見平然と行動していたことは、海外の投資家からみれば驚異的なことであり、一種の安堵感すら与えていた可能性がある。

しかし、それ以上に大きな役目を演じたのが、前述したレポートのような「専門家」の高見ではなかっただろうか。実際、福島原発事故はチェルノブイリの再来ではなく甚大な被害は起こりえないとする見解は、件のレポートに限ったものではなかった。

「日本原子力技術協会」主催の外国人記者クラブで行われた記者会見では、日本で最初につくられた原発の設計に携わった人物が「スリーマイル島の場合は一週間で安定冷却に成功しており、福島はもう少し時間がかかるかもしれないが成功する」と断言していたし、前述した貯蔵プール内の使用済燃料も、崩壊熱の急速な冷却により問題はないとの見解であった。

また、別な場所では東京工業大学の原子炉工学研究所の教授が、自身は町田に住んでいるが、「子どもも近所の公園で遊ばせてます。私の同僚も東京はもちろん神奈川とか埼玉に住んでますけど、誰も逃げようとか考えてないですよ」と微笑みを交えて語っていた。

結果論になるが、これらの経験と学識に基づいた意見に耳を傾けていれば、三月一五日の底値から反発し、震災前のレベルには到達しないまでも、低位で安定した日経平均の動きは、決して不自然にはみえないのである。

錯綜する情報のなかで、三月一一日以降のインデックスの動きを予見することはきわめて困難であった。しかし、セクターの動きは大震災そして原発事故の勃発をふまえれば理にかなった動きに始終していた。表21は、TOPIX33セクターの三月一〇日引けから四月一日引けまでのリ

［表21］　東日本大震災前後におけるTOPIX33セクターの株価下落率

セクター	下落（上昇）率（％）	セクター	下落（上昇）率（％）
電力・ガス	−27.5	精密機器	−5.2
不動産	−14.4	その他商品	−4.6
保険	−13.4	化学製品	−4.5
空運	−12.7	倉庫・港湾	−4.5
その他金融	−12.5	繊維・衣服	−4.4
銀行	−12.3	薬品	−4.4
漁業・農業・林業	−12.1	非鉄金属	−4.2
証券	−11.5	石油・石炭	−2.8
サービス	−9.3	ゴム製品	−2.2
海運	−8.8	鉄鋼	−2.0
小売	−7.9	ガラス・陶器	−0.4
自動車	−7.7	機械	0.0
食品	−7.2	商社	0.7
陸運	−7.0	金属製品	4.3
紙・パルプ	−6.6	建設	7.0
情報通信	−6.1	鉱業	13.5
電気機器	−5.4		

ターンをリターンの低い順にリストアップしたものである。ちなみにこの間に、日経平均は約7％下落している。

原発事故の責任を問われていた東京電力を筆頭に、多くの電力会社が原発の操業停止を余儀なくされた「電力・ガス」セクターの成績が最も悪いのは当然であろう。また、度重なる余震と、原発事故の影響で大幅な価格下落に見舞われた不動産セクターが二番目にきていることにも違和感はない。多額の保険料の請求が予想された保険業が次点にあるのも納得できる内容である。

一方、プラスのカテゴリーには震災からの復興と原発に変わるエネルギーの必要性から利を得ると思われるセクターが並んでいる。東日本大震災は多くの死者と被災者を出した不幸な事件であったが、相場が暴落し、不確実性が極みに達するなか、この表は少なくとも投資家が理性を失っていなかったことの証なのかもしれない。

おわりに

日本株への投資に関する歴史書でもあり症例集でもあると豪語して書き始めたこの本であるが、それがいかに遠大なプロセスであるかに執筆の途中で気づかされた。そうは言っても、永遠に書き続けるわけにはいかず、また相場は生き物であるから、刻一刻と変化・進歩している。投資関係のレポートに迅速さと正確さが求められるように、投資関係の書物もうかうかしているとその情報はすぐに古くなる。その意味でこの書物の執筆は時間との競争でもあった。

この文章を書いていた間にも、日経平均は史上初めて一六日連続で上昇し、その後に約二六年ぶりの高値を更新、衆議院選挙における自由民主党の大勝もあって、あえてタイトルを付けるなら「第三次アベノミクス相場」の様相を帯びていた。

また、同時にアメリカの株式市場は高騰し、S&P500はこの本でも言及したバフェット・レシオ1・0を大幅に上回って推移、さながらバブルの可能性も見せ始めている。世界的な低金利と金融緩和によってもたらされた潤沢な資金があらためて経済へ正の影響を（バブルであれば、株式市場には負の影響であるのかもしれない）及ぼしているようである。

低インフレと低金利が恒常的に存在するいわゆる「適温相場」の世界は、パラダイム・シフトを想起させ、この本で強調しているG7 OECD CLIの有効性が、現時点では裏切られているかたちになっているのも運命の皮肉であろうか。ただ、本文でも強調したように、高い勝率と累積リターンを誇るＯＥＣＤ　ＣＬＩや他のマクロ指標であっても、それに盲従することは必ずしも得策ではない。

二〇一七年後半の日本株市場の高騰は、衆議院選挙の結果に加えて米国経済と中国経済の回復、ＦＥＤと日銀の金融緩和に対する明らかな姿勢の違い、それに起因する為替の円安傾向からくる企業業績の改善への期待と、いつ投資家の手に渡るかもしれない記録的な企業内部留保、そしてアメリカの大型減税法案とそれに依存すると思われる米国株の驚異的な強さで説明できるのではないだろうか。また、一一月になって株式相場が一段高となっているのは、季節性を意識した動きともとれよう。第一章の「季節性」の項でも触れたが、経済状態が明らかに改善あるいは悪化していない状況では、季節性に優先性がみられるのである。

筆者は二〇一七年八月末をもって現役を退いているが、仮にその後にレポートを執筆していれば、衆議院選挙の結果で株式相場に強気に転じ、その後は季節性とアメリカの減税法案を理由に強気な見方を継続していただろう。ただ、その相場が二六年ぶりの高値をつけるということまでは正直予想しきれなかったと思う。

転じて二〇一八年二月末時点では、長期金利の上昇から「適温相場」の持続性に疑問符が投げかけられる事態となっている。このまま長期金利が上昇を続け、株式市場が下落を続けるようであれば、それは一九八七年一〇月のブラックマンデーを彷彿とさせ「適温市場」は「幻想」にすぎなかったこととなり、あらためて市場の動向が注目されるところである。

何度も触れているが、ここに書いた市場の法則性はあくまで経験則であって未来永劫続くものでは決してない。原則として株式市場が経済の鏡であり、また人間心理の鏡であるということに疑いはないが、それすら将来的にＡＩがさらに広域に活用されるような時代になれば保証のないことである。

市場は何度もパラダイム・シフトを経験し、そのたびに投資家は新たな手法を考え、生み出してきた。投資家が貪欲であり続ける限り、そして恐怖を知っている限り、それだけが不変なのかもしれない。

この本で現在の日本株市場で有効と思われるすべての手法や法則を網羅したとは当然思ってはいない。見過ごした事象や課題も多くあるだろうし、バックテストが不十分な可能性もあるだろう。また、筆者の思い違いや未経験からくる誤りもあるかもしれない。当初述べたように、市場には膨大なノイズがあり、それをできるだけ排除することを意識して執筆したのがこの本であるが、筆者が思っているノイズが実はノイズではないということもあるかもしれない。

その点は、未熟な筆者の足らぬところとしてご容赦いただければ幸いである。この本を読まれる読者から、おそらくさまざまなご意見やご指摘を受けるであろう。それをふまえたうえで、加筆訂正し、新たにより完成度の高い本を世に出すことができれば、これほど嬉しいことはない。
最後になったが、この本が世に出るにあたって直接編集に携わり、同時に多くのご助言をいただいた株式会社きんざいの花岡博出版部長に厚く感謝の意を表したい。また、花岡氏に筆者の原稿を紹介していただいたロイター東京支局の植竹知子記者をはじめ、お名前は割愛させていただくが、筆者が現役時代にお世話になったロイター、ブルームバーグ、日経新聞の記者の方々、そしてＪ・Ｐ・モルガン証券、テキサス州教員退職年金、メリル・リンチ証券、ＢＺＷ証券で互いに切磋琢磨した同僚の方々にもあらためてそのご親切に感謝したい。

二〇一八年五月

内藤　三千郎

ま行

ら行

■事項索引■

■著者略歴■

内藤　三千郎（ないとう　みちろう）

中央大学付属小金井高校卒。テキサス大学オースティン校物理学部卒業後、同大学大学院にて理論原子核物理の博士課程修了。1994年よりBZW日本証券でデリバティブ・ストラテジスト、1998年よりメリルリンチ日本証券にて転換社債アナリストを歴任。2000年よりテキサス州教員退職年金で日本株アナリスト、2004年よりJPモルガン証券にて株式デリバティブ・ストラテジストを務める。

日本株市場
——相場を動かす情報とは何か

2018年6月12日　第1刷発行

著　者　内　藤　三千郎
発行者　小　田　　徹
印刷所　株式会社日本制作センター

〒160-8520　東京都新宿区南元町19
発　行　所　**一般社団法人 金融財政事情研究会**
企画・制作・販売　**株式会社 き ん ざ い**
出 版 部　TEL 03(3355)2251　FAX 03(3357)7416
販売受付　TEL 03(3358)2891　FAX 03(3358)0037
URL http://www.kinzai.jp/

ISBN978-4-322-13275-5